»Entjudung« von Theologie und Kirche

Christentum und Zeitgeschichte (CuZ)

Band 6

Im Auftrag der Evangelischen Arbeitsgemeinschaft
für Kirchliche Zeitgeschichte
herausgegeben von Siegfried Hermle und Harry Oelke

Oliver Arnhold

»Entjudung« von Theologie und Kirche

Das Eisenacher »Institut zur Erforschung und Beseitigung des jüdischen Einflusses auf das deutsche kirchliche Leben« 1939–1945

Trotz intensiver Bemühungen zur Ermittlung bestehender Urheberrechte zu einigen Abbildungen, ist es nicht immer gelungen, mögliche Rechteinhaber zu ermitteln. Mögliche Rechteinhaber mögen sich daher bitte an den Verlag wenden.

Bibliographische Information der Deutschen Nationalbibliothek
Die Deutsche Nationalbibliothek verzeichnet diese Publikation in der Deutschen Nationalbibliographie; detaillierte bibliographische Daten sind im Internet über http://dnb.de abrufbar.

Das Buch wurde auf alterungsbeständigem Papier gedruckt.

Cover: Kai-Michael Gustmann, Leipzig
Coverabbildung: Gebäudeansicht des Instituts,
© Stiftung Lutherhaus Eisenach
Satz: Steffi Glauche, Leipzig
Druck und Binden: CPI books GmbH

ISBN 978-3-374-06622-3 // eISBN (PDF) 978-3-374-06737-4
www.eva-leipzig.de

In memoriam
Dieter Schellong
(1928-2018)

Inhalt

1. Einleitung

Antisemitismus ist auch im Jahr 2020, 75 Jahre nach dem Ende des Zweiten Weltkrieges und 31 Jahre nach dem Mauerfall, weiterhin ein gravierendes Problem. Abraham Lehrer, der zweite Vorsitzende des Zentralrats der Juden in Deutschland, spricht sogar von einer »Explosion des Antisemitismus« in Europa und Deutschland.[1] Gestützt wird diese Aussage durch eine Studie, die vom jüdischen Weltkongress 2019 beauftragt wurde und nach der jeder vierte Deutsche antisemitische Gedanken hegt. 41 Prozent der Deutschen seien zudem der Auffassung, dass Juden zu viel über den Holocaust reden.[2] Der »unabhängige Expertenkreis Antisemitismus«, der 2017 für das Bundesinnenministerium den Bericht: »Antisemitismus in Deutschland - aktuelle Entwicklungen« vorlegte, kam zu dem Ergebnis, »dass modernere Facetten des Antisemitismus auch in der breiten Bevölkerung nach wie vor weit verbreitet seien«, wenn auch im »historischen Vergleich mit der Zeit vor 1945, aber auch mit den letzten 60 Jahren in Deutschland [...] der offene Antisemitismus gesamtgesellschaftlich selten so sehr an den Rand gedrängt worden sei wie heute«.[3] Allerdings erlebt der Antisemitismus derzeit in Form von Verschwörungstheorien im Zuge der Corona-Protestdemonstrationen auch wieder neuen Auftrieb.[4] Neben der Stabilität, »was die Verbreitung antisemitischer Einstellungen in der Bevölkerung betrifft«, sei laut dem Expertenbericht von 2017 auch eine erhöhte »Aktivität auf der Ebene von Meinungsäußerungen, Propaganda und Übergriffen auf der Handlungsebene« festzustellen.[5] Laut

Statistik des Bundeskriminalamtes kam es in Deutschland im Jahr 2018 zu 1799 antisemitischen Angriffen, die einen politischen Hintergrund hatten, was durchschnittlich fast fünf Angriffen pro Tag entspricht. Tina Groll schreibt dazu in der ZEIT: »Angriffe, Beleidigungen, Anfeindungen, Einschüchterung, Gewalt und Sachbeschädigung von jüdischen Einrichtungen: Für Jüdinnen und Juden in Deutschland gehört Antisemitismus zum Alltag.«[6] Manche Begebenheiten erinnern fatal an Ereignisse, wie man sie aus der Zeit des Nationalsozialismus kennt:

Am Abend des 27. August 2018 wurde das jüdische Restaurant »Schalom« in Chemnitz von etwa einem Dutzend in schwarz gekleideten Neonazis angegriffen. An jenem Abend hatte das »Schalom« einen Vortrag über die Arisierung jüdischer Unternehmen organisiert. »Gegen 21.45 Uhr, als das Restaurant schon fast leer war«, hörte der Besitzer draußen Geräusche und trat vor die Tür. »Dort sah er sich etwa einem Dutzend schwarz vermummten Gestalten mit Steinen und Eisenstangen gegenüber«, die »Judenschwein, verschwinde aus Deutschland« gerufen hätten und ihn »durch einen Steinwurf an der Schulter« verletzten.[7]

An Jom Kippur 2019, dem höchsten jüdischen Feiertag, versammelten sich 51 Menschen in Halle an der Saale in der Synagoge zum Gebet, als ein Attentäter versuchte, die Synagoge zu stürmen, um ein Massaker anzurichten. Nachdem der antisemitische Angriff auf die Synagoge zum Glück an dem starken Holz der Eingangstür scheiterte, deren Kauf der jüdischen Gemeinde im Jahr 2015 durch Spenden *aus dem Ausland* ermöglicht worden war, erschoss der 27-jährige Täter, der 2010 sein Abitur am Martin-Luther-Gymnasium in Eisleben abgelegt hatte, zwei Menschen in unmittelbarer Nähe des Gotteshauses.[8]

Vom amerikanischen Philosophen und Dichter George Santayana ist die Aussage überliefert: »Wer sich des Vergangenen nicht erinnert, ist verurteilt, es noch einmal zu erleben.« Deshalb ist es wichtig, Erinnerung wachzuhalten. Oder wie es ein jüdisches Sprichwort treffend ausdrückt: »Das Geheimnis der Erlösung ist Erinnerung«.

Dieses Buch erinnert an eines der dunkelsten Kapitel der evangelischen Kirchengeschichte. Am 6. Mai 1939 wurde auf der Wartburg bei Eisenach das kirchliche »Institut zur Erforschung und Beseitigung des jüdischen Einflusses auf das deutsche kirchliche Leben« feierlich eröffnet.[9] Das sogenannte »Entjudungsinstitut« war eng mit der Ideologie und Organisation der Thüringer »Kirchenbewegung Deutsche Christen (DC)« verbunden. Führende Vertreter dieser Kirchenbewegung übernahmen im Institut Spitzenpositionen. Wesentliche Vorarbeiten wurden schon vor der Gründung des Instituts in besagter kirchenpolitischer Bewegung geleistet, an welche die Institutsmitarbeiter anknüpfen konnten und die sie wissenschaftlich zu legitimieren suchten. Im ersten Teil des Buches wird auf die Geschichte der »Kirchenbewegung DC« näher eingegangen, bevor im zweiten Teil die Institutsgeschichte im Mittelpunkt steht und kurz auch auf den Werdegang führender Institutsmitarbeiter nach Schließung des Instituts im Jahr 1945 eingegangen wird. Im Schlussteil werden dann noch Überlegungen zur Schuldfrage und zur Kontinuität der Institutsarbeit angestellt. Im Anhang des Buches findet sich zudem eine Arbeitsgliederung des kirchlichen »Entjudungsinstituts«.

Um der besseren Lesbarkeit willen ist in dieser Veröffentlichung darauf verzichtet worden, die angeführten Zitate und Quellen ausführlich in Fußnoten nachzuweisen. Die Zahlen in Klammern hinter Zitaten verweisen auf meine wissenschaftliche Veröffentlichung »›Entjudung‹ – Kirche im Abgrund«[10], die in zwei Bänden die Geschichte der »Kirchenbewegung DC« und des »Entjudungsinstituts« breit entfaltet und in der die entsprechenden Nachweise auf den angegebenen Seiten zu finden sind. Zudem wurde bei Personengruppen nur die männliche Form gewählt, dies ist nicht geschlechtsspezifisch gemeint, sondern geschah ebenfalls ausschließlich aus Gründen der besseren Lesbarkeit. Begriffe und Formulierungen aus dem nationalsozialistischen Sprachgebrauch, wie etwa der Begriff »Entjudung«, sind in Anführungszeichen gesetzt. Schwieriger verhält es sich mit Begriffen wie »Juden« oder »Judenchristen«, da im thematischen Zusammenhang dieses Buches mit diesen oftmals rassistische Kategorien angesprochen sind, wie sie von den Nationalsozialisten etwa in den »Nürnberger Rassegesetzen« 1935 festgelegt wurden. Neben der Hervorhebung in Anführungszeichen ist an diesen Stellen auch stets der Kontext, in dem die Begriffe auftauchen, mit zu beachten und zu bedenken.

2. Zur Vorgeschichte

2.1 *»Vom Wieratal ins Reich«* – Die »Kirchenbewegung Deutsche Christen«

Die »Kirchenbewegung DC« wurde durch die beiden befreundeten Pfarrer Julius Leutheuser und Siegfried Leffler 1928 im ostthüringischen Wieratal als kirchenpolitische Bewegung gegründet. Sie ging aus einem nationalsozialistischen Pfarrer- und Lehrerkreis hervor, der sich im Kreis Altenburg gesammelt hatte. Beide Theologen wurden in der Folgezeit zu den charismatischen Führungspersönlichkeiten der Kirchenbewegung, die ab 1934 auch über Thüringen hinaus reichsweit operierte.

Abb. 1: Siegfried Leffler

Im Lebensweg von Leffler und Leutheuser gibt es auffällige Parallelen: Leffler, geboren am 21. November 1900 in Azendorf (Oberbayern), stammte aus einer traditionellen Pfarrersfamilie. Lefflers Mutter starb im Jahre 1920, sein Vater zwei Jahre später. Von 1911 bis 1914 verbrachte er einen Teil seiner Schulzeit in einem christlichen Internat. Er war Mitglied in der Jugendbewegung »Deutscher Wandervogel« und arbeitete nach dem Tod seiner Eltern als Turnlehrer, womit er seinen Unterhalt bestritt. Zwei Jahre vor seinem Abitur wurde der Schulbesuch durch den Ersten Weltkrieg unterbrochen, an dem er als Kriegsfreiwilliger von Mai 1918 bis Januar 1919 teilnahm. In seinen Lebenserinnerungen glorifizierte Leffler die Zeit des Ersten Weltkrieges noch aus dem Abstand von mehr als 60 Jahren und beschrieb sein Engagement im Krieg als »leidenschaftlich«, »fanatisch« und »ausschließlich«; er sei bereit gewesen, für die »heilige Sache des Vaterlandes« sein Leben zu geben. (43) Die Familie des Vaters verstand sich als traditionelle Pfarrersfamilie evangelisch-lutherischer Prägung; diese christlich-religiöse Komponente prägte die Persönlichkeit Lefflers zeitlebens und dürfte auch ausschlaggebend für seinen Berufswunsch Pfarrer gewesen sein. In der seelsorgerischen Tätigkeit sah Leffler vermutlich aber auch die Möglichkeit, das von ihm vertretene nationale Ideal des Einsatzes für Volk und Vaterland auch nach Ende des Krieges außerhalb des Militärs zu verwirklichen, nachdem sich sein anfänglicher Wunsch, Offizier zu werden, nach dem Krieg zerschlagen hatte. Dies brachte er in seinen Lebenserinnerungen mit dem Satz »Wir wollten geistliche Offiziere werden« (44) auf den Punkt. Leffler studierte nach seinem Abitur 1920 Theologie in Erlangen, Marburg und Tübingen. Während seines Studiums in Tübingen gründete er zusammen mit seinem Freund Leutheuser die studentische

Gilde »Ernst Wurche«. Wurche ist die Titelfigur des 1916 in München erschienenen Kriegsromans von Walter Flex: »Der Wanderer zwischen beiden Welten«. Wurche dürfte für Leffler und Leutheuser das Ideal eines Theologen darstellt haben, der sich durch Naturverbundenheit, Kameradschaftssinn, Führungsqualität und völkisch-nationale Gesinnung auszeichnete. Die akademische Gilde verstand sich bewusst als elitärer Zweig der Jugendbewegung des »Deutschen Wandervogels«, der eine »neue Führerschicht« hervorbringen wollte.

Abb. 2: Julius Leutheuser

Leutheuser wurde am 9. Dezember 1900 in Bayreuth als jüngster Sohn des Studienprofessors Heinrich Leutheuser geboren. Sein Vater widmete sich gern »naturgeschichtlichen Studien«, er machte seinen Sohn schon früh in ausgiebigen Wanderungen mit der Heimat vertraut und lehrte ihn, »wie man der Landschaft Schönheit und Genuss nur durch Zähigkeit und Ausdauer abzubringen vermag« (46). Leutheuser und Leffler wurden stark durch den »Deutschen Wandervogel« geprägt, in welchem sich beide auch kennenlernten. Leutheuser trat im Februar 1918 mit 17 Jahren in den Dienst des VII. Bayerischen Infanterieregiments ein, sein ältester Bruder war bereits im Jahre 1914 in der Schlacht um Lothringen im Ersten Weltkrieg gefallen. Der Nationalismus, das Erlebnis des Ersten Weltkrieges, dem die Niederlage des geliebten deutschen Vaterlandes und die als nationale Schmach empfundenen Bedingungen des Versailler Vertrages folgten, sowie die daraus entstandene Resignation bestimmten, ähnlich wie bei Leffler, auch Leutheusers Berufswunsch.

Beide studierten zusammen Theologie in Erlangen und Tübingen, ihr Studium wurde aber immer wieder durch ihre politischen Aktivitäten unterbrochen. So nahmen sie nach eigenen Angaben mit den Freikorpsverbänden Epp und Oberland an den »Befreiungskämpfen« in München, Nürnberg, im Ruhrgebiet und in Oberschlesien teil und waren bereits vor 1923 als Redner der NSDAP tätig. Leutheuser sei sogar, wie der Chronist der »Kirchenbewegung DC«, Kurt Thieme,[11] festhielt, an den Geschehnissen rund um den Hitler-Putsch beteiligt und vorübergehend verhaftet gewesen. Enttäuscht darüber, dass die Kirche ihrer Ansicht nach zu den politischen Fragen, die für die jungen Männer von besonderer Bedeutung waren, keine Stellung bezog und sich hinter einer »starren, orthodoxen Theologie« verschanzte, entwickelten beide eine »Abneigung gegen jede theologisch fromme Formung des Glaubens« (48). In der Zusammenschau ihrer theologischen Studien mit ihren politischen Erfahrungen glaubten beide erkennen zu können, dass sich das Christentum und die Kirche vom eigentlichen Adressaten, dem deutschen Volk, getrennt habe und für dieses unverständlich geworden sei. Darüber, wie ernsthaft die beiden ihr eigenes theologisches Studium bei einer solchen Haltung der theologischen Wissenschaft gegenüber betrieben haben, kann nur spekuliert werden, aber es scheint, dass Leffler und Leutheuser bereits zu dieser Zeit der Politik mehr Beachtung schenkten als der Theologie. Sein erstes theologisches Examen legte Leffler am 4. August 1924 ab, ordiniert wurde er am 11. Januar 1925 und fortan war er als Stadtvikar zu St. Ulrich in Augsburg tätig. Leutheuser beendete sein Studium ebenfalls im Jahre 1924, ordiniert wurde er am 18. November 1925 in Marktredwitz und ab 1925 arbeitete er wie Leffler in Augsburg als Hilfsgeistlicher an St. Anna. Schon bald gerieten die beiden Pfarrerkandidaten mit der bayerischen Landeskirche in Konflikt, da sie das ihnen vorschwebende Ideal eines an den Bedürfnissen des deutschen Volkes orientierten Christentums und ihre Erlebnisse im Rahmen der politischen Bewegung des Nationalsozialismus auch in Reden von der Kanzel verbreiteten. Am 1. März 1927 quittierten sie ihren Dienst in der bayerischen Landeskirche und traten bereits am 1. April 1927 ihren Dienst in der Thüringer evangelischen Kirche als Hilfsprediger in Niederwiera bzw. Meuselwitz an.

Die Thüringer evangelische Landeskirche war erst am 5. Dezember 1919 durch den Zusammenschluss von sieben kleinen Landeskirchen noch vor der Entstehung des Landes Thüringen aus sieben Fürstentümern (Reichsgesetz vom 30. 4. 1920) gegründet worden. Die liberale Verfassungsstruktur der Thüringer evangelischen Kirche mit ihrem Anspruch, »Heimat evangelischer Freiheit und Duldsamkeit« zu sein, dürfte Lefflers und Leutheusers Wechsel ebenso motiviert haben wie der Umstand, dass sich Thüringen nach dem gescheiterten Hitler-Putsch 1923 als Sammelbecken von NS-Sympathisanten zu einem der wichtigsten Fluchträume für die verbotene NSDAP entwickelt hatte.

Am 1. Oktober 1928 traten Leffler in Niederwiera, wo er seit dem 1. April 1927 schon als Hilfsprediger tätig gewesen war, und Leutheuser in Flemmingen (Kreis Altenburg/Thüringen) ihren Pfarrdienst an. Leutheuser hielt seine Antrittspredigt zum Thema: »Wer auf die preußische Fahne schwört, hat nichts mehr, was ihm selber gehört«. Bei der Zulassungsarbeit Lefflers gab es allerdings Komplikationen. Waldemar Macholz, Professor für Praktische Theologie in Jena, urteilte über Lefflers Arbeit »Die Lehre des Neuen Testaments von den Ämtern in der Gemeinde und die Bedeutung dieser Lehre in der evangelischen Kirche der Gegenwart«:

> »Ich muß leider der Überzeugung Ausdruck geben, daß wir es hier mit der Arbeit eines geistig Kranken zu tun haben. Es ist mir nicht zweifelhaft, was ein Psychiater zu diesem zuchtlosen, geschwollenen, großmannssüchtigen Geschwätz eines urteilslosen Ignoranten sagen würde. Ich bitte ergebenst, zu erwägen, ob ein Theologe, der diese Arbeit abliefern konnte, die Kirche nicht dem Gelächter aller Urteilsfähigen aussetzen, ja nicht gemeingefährlich genannt werden muß. Ist der Arme so krank wie ich annehme, so kann er m. E. zur Prüfung nicht zugelassen werden. Die Arbeit ist unter jeder Kritik.« (53)

Trotz dieses vernichtenden Urteils durfte Leffler eine neue Arbeit anfertigen und bestand, wie Leutheuser auch, sein zweites theologisches Examen am 6. Juli 1928. Auch in anderer Hinsicht wiesen die Lebenswege Lefflers und Leutheusers Parallelen auf: Während Leffler am 5. August 1928 Elsbeth Freiin von

Falkenhausen zu seiner Frau nahm, ehelichte Leutheuser deren Schwester Luise einen Monat später.

Die Dörfer des Wieratals, in denen die beiden jungen Pfarrer ihren Dienst antraten, waren vorwiegend landwirtschaftlich strukturiert und konservativ geprägt. Leffler und Leutheuser hatten insgesamt dreizehn Dörfer mit sieben Kirchen zu betreuen, zu denen später noch die sächsische Enklave Oberwiera hinzukam. Ihre Aufbauarbeit für die spätere Organisation der »Kirchenbewegung DC« begannen Leffler und Leutheuser somit auf lokaler Ebene im Wieratal des Kreises Altenburg, wo sie ihr deutsch-christliches und völkisch-religiöses Gedankengut mit Hilfe von Formen der Jugendbewegung, völkischem Schriftstudium, Laienspielarbeit sowie Gesang und Musizieren verbreiteten. Zudem sammelten sie in einem nationalsozialistischen Pfarrer- und Lehrerkreis des Wieratales die Träger des religiösen Lebens und der Erziehung in den Dörfern zur Gemeinschaftsarbeit. Die Erfahrung des Gemeinschaftserlebnisses, das die Mitglieder des Kreises sowohl in der Jugendbewegung als auch in Form der Frontkameradschaft im Krieg erlebt hatten, bildete neben den politischen Idealen den verbindenden Faktor innerhalb der Gruppe, mit dem sie die weltanschauliche Zerrissenheit und geistig-kulturelle Orientierungslosigkeit des deutschen Volkes zu überwinden suchten. Die Vaterlandsliebe wurde zum »Inhalt eines christlich verstandenen Bekenntnisses« zur politischen Idee des Nationalsozialismus. Thieme drückte dies in seiner Organisationsgeschichte der »Kirchenbewegung DC« wie folgt aus:

> »Wir bekannten uns gerade als Menschen, die Pfarrer und Lehrer waren und sich bemühten, Christen zu sein und zu werden, deswegen zu unserem Führer, weil wir erkannt hatten, daß der

> einzige Retter der Sache Christi in Deutschland nicht in irgend einer bürgerlichen oder marxistischen Partei, auch nicht in irgend einer christlichen Kirche, die damals ja samt und sonders richtungslos waren, zu suchen sei, sondern nur in der Persönlichkeit Adolf Hitlers.« (56)

In den Gruppentreffen pflegte der Kreis neben dem Singen die gemeinsame Lektüre völkisch-rassistischen Schrifttums, so wurde beispielsweise die Schrift »Die Grundlagen des 19. Jahrhunderts« von Houston Stewart Chamberlain gelesen oder aus Büchern von Arthur de Gobineau oder Paul de Lagarde rezitiert. Durch volksmissionarische Aktivitäten versuchte man weite Teile der dörflichen Bevölkerung anzusprechen, vor allem auch jene, die der Kirche distanziert und kritisch gegenüberstanden. So sollte das Ideal einer christlich motivierten und nationalsozialistisch orientierten Gemeinschaft Schritt für Schritt verbreitet werden. Man sah es als gemeinsame Aufgabe an, die durch die Weltanschauungen des Materialismus, Liberalismus und Individualismus vermeintlich vereinzelten Christen einer neuen Bestimmung entgegenzuführen. Dies sollte durch die Einbindung in eine neue und anders geartete Form von Kirche geschehen. Als Voraussetzung dafür galt es, in einer zunächst noch kleinen, aber wachsenden Gemeinschaft neue Formen von christlicher Kirche zu schaffen, die sich nicht als »Predigtkirche, Aufklärungskirche und damit Theologenkirche« (58) verstand, sondern die in erster Linie durch die christliche Tat in einer Kerngemeinde gemeinschaftsbildend wirken sollte. Dies konnte und sollte auch durchaus außerhalb der Kirche geschehen. Aus dieser Kerngemeinde als kleinste Keimzelle schwebte der Gruppe die Bildung einer überkonfessionellen Gemeinschaft, »die Nationalkirche aller Deutschen«, als Ziel vor, indem die Basisgemeinden stetig »Zelle um Zelle« wie ein »Organismus« durch die »volksmissionarische« Werbearbeit vergrößert werden sollten. Der Wille, die christlichen Kirchen in Deutschland derart umzugestalten, charakterisierte von Anfang an das Selbstverständnis des Kreises, der sich als »kirchliche Avantgarde« verstand. Daher war man auch bereit, »auftretende Schwierigkeiten, persönliche Entbehrungen und anfängliche Ablehnung in der Bevölkerung« auf sich zu nehmen und die Arbeit trotz Widerständen in Bevölkerungsteilen der kirchlich-konservativen Dörfer verstärkt voranzutreiben. Zu diesem Zweck organisierte man »Deutsche Volksabende«, »Männersprechabende« in Gaststätten sowie »Burschen- und Mädchenabende«. Der Elan und das Engagement der Gruppe bei dieser Werbearbeit trug Früchte, denn nach Thiemes Angaben konnte der Pfarrer- und Lehrerkreis schon sehr bald neue Mitglieder auch aus anderen Berufssparten gewinnen: Handwerker, Bauern und Arbeiter. Dies war für das geschilderte Selbstverständnis und die Zielvorstellung der Gruppe auch unbedingt notwendig. Denn trotz der zunächst kleinen Schritte und der mühsamen Werbetätigkeit hatte der Kreis seit seiner Bildung ein größeres Ziel vor Augen. Parallel zur nationalsozialistischen Parole »Ein Volk! Ein Reich! Ein Führer!« formulierte der Pfarrer- und Lehrerkreis seine Zielvorstellung »Ein Führer! Ein Volk! Ein Gott! Ein Reich! Eine Kirche!« Die »Volkwerdung« sollte also durch den nationalsozialistisch motivierten Zusammenschluss aller Deutschen in einer überkonfessionellen deutschen Christusgemeinde, der Nationalkirche, religiös vollendet werden. Politisch-ideologische und religiöse Bereiche waren derart miteinander verwoben, dass beide Bereiche sogar einander bedingten, sodass, wie Leffler behauptete, »ein guter Christ kein schlechter Nationalsozialist sein kann« und umgekehrt »ein guter Nationalsozialist niemals ein schlechter Christ sein wird«. (58 f.)

Von ihrem ideologischen Selbstverständnis her war es für Leffler und Leutheuser selbstverständlich, nicht nur an der geistlichen »Front«, nämlich an der gezielten Veränderung der Struktur und des Erscheinungsbildes von Kirche und Verkündigung zu arbeiten, sondern auch aktiv für ihre politischen Überzeugungen einzutreten. Am 1. Juni 1929 traten beide offiziell in die NSDAP ein und am 10. Februar 1930 gründeten sie die Ortsgruppe Wieratal der NSDAP in Frohnsdorf, in die sich fünfzig Personen als Mitglieder eintrugen. Die Mitglieder der Ortsgruppe und des Kreises verstanden sich einerseits als bekennende Nationalsozialisten, andererseits aber auch als überzeugte Christen, die zum Wohl der Kirche als »geistliche Offiziere« für das deutsche Volk den »Kampf um die Nation« angetreten hatten. Dabei wurde unbedingte Einsatzbereitschaft und Kameradschaft ähnlich wie im Krieg von jedem Einzelnen des Kreises abverlangt. Bereits die äußere Form der Zusammenkünfte zeigte militärischen Charakter und wurde so inszeniert, dass eine gemeinschaftsbildende Atmosphäre entstehen konnte. Die Stimmung während dieser »Kampferlebnisse« spiegelt sich in dem Bericht Thiemes über einen Aufmarsch des Pfarrer- und Lehrerkreises zu jener Zeit anschaulich wider:

> »Es ist Sonnabend, der 12. April, kurz vor 8 Uhr abends. Die Dämmerung hat bereits ihren Höhepunkt überschritten. Fahrradkolonne um Fahrradkolonne, unter ihnen Leutheuser, Leffler und der Lehrerkreis des Wieratales, nähern sich der Stadt und sammeln sich am Eingang derselben. Als die Räder eingestellt sind, ist es schon dunkel. Handwerker, Bauern und Bau-

ernburschen des Wieratales treten zum Marsche durch Waldenburg an. Wir sind über hundert, als abgezählt wird. Durch die Stille des Abends schallen die Kommandoworte: ›Stillgestanden! … Im Gleichschritt! … marsch!‹ Die Kolonne setzt sich in Bewegung. Unser Marschtritt erfüllt die Straße. Bald klingen unsere Lieder und hallen in den engen Straßen der Kleinstadt von den Häusermauern wider: ›Weit laßt die Fahne wehen, wir wolln zum Sturme gehen, frisch nach Landsknechts Art!‹ Als wir vor'm Waldenburger Schloß vorbeiziehen, singen wir das Fahrtenlied vom Käuzlein. Und wie unser Gleichschritt, so schlägt das ›La, la, la‹ durch die Nacht und durch die Herzen. Hie und da hatten sich die Fenster geöffnet und Kinder waren mobil. Unvergeßlich bleibt dieser Marsch aus einer Zeit, wo die Horden der SPD. und Kommune die Straße beherrschten: Erdgebundene, zusammengeballte und zum Gegenstoß formierte Kraft gegen den Marxismus!
In der anschließenden Versammlung im Schützenhaus sprach Leffler über das Verhältnis zwischen Religion und Politik und stellte heraus, daß der Platz des Pfarrers allein der im Volke sein könne und die Erziehung des Volkes nach einer großen Idee einsetzen müsse. Danach sprach Leutheuser über die Überwindung des Klassenhasses und endete mit den Worten: ›Woran wir glauben, in dessen Namen führen wir den Kampf!‹« (60f.)

Da sich der Kreis um Leffler und Leutheuser seit seiner Gründung nicht allein auf den kirchlichen Bereich beschränkte, sondern bewusst politisch für die nationalsozialistische Bewegung wirkte, konnten in dieser Aufbauzeit der NSDAP in Ostthüringen bereits Kontakte zu wichtigen Funktionsträgern der Partei in Thüringen geknüpft werden, die für die »Kirchenbewegung DC« ab 1933 noch von größerem Nutzen sein sollten.

So sprach beispielsweise der spätere Thüringer Gauleiter und Reichsstatthalter Fritz Sauckel im Frühjahr 1930 im »Gasthof zum Wieratal« und auch zum späteren Reichsinnenminister Wilhelm Frick gab es Kontakte. Im Jahre 1929 war es sogar nach Aussage Leutheusers zu einer »einstündige[n] Privataussprache« (61) des Pfarrer- und Lehrerkreises mit Hitler gekommen, als dieser eine Parteiveranstaltung in Weimar besuchte. Gezielt versuchte die Ortsgruppe mit ihrer nationalsozialistischen Propaganda vor allem den Bauernstand anzusprechen: Vortragsveranstaltungen in den Gaststätten und Sälen wurden auf diese Zielgruppe abgestimmt oder die Bauern auf ihren Höfen durch die Mitglieder der Ortsgruppe direkt angesprochen und angeworben. Im September 1930 gelang es der Gruppe, Richard Walther Darré, ab 1934 Reichsbauernführer, für zwei nationalsozialistische Propagandaveranstaltungen im Altenburger Kreis zu gewinnen. Ab 1931 erfolgte die Aufbau- und Propagandatätigkeit der Ortsgruppe über die Grenzen des Altenburger Kreises hinaus, wozu sogar ein Kraftfahrzeug angeschafft wurde, um die Mitglieder der Ortsgruppe als Parteiredner auch in den auswärtigen Gemeinden einsetzen zu können. Leffler und Leutheuser sprachen zu dieser Zeit bereits als Redner der NSDAP in Thüringen, Mitteldeutschland, Sachsen und Bayern. Beide überzeugten nach Aussagen von Zeitzeugen mit sehr guten rhetorischen Fähigkeiten, Leutheuser hatte sogar den Spitznamen »Goebbels der Thüringer Deutschen Christen« inne.

Kirchenpolitisch wurde der Pfarrer- und Lehrerkreis um Leffler und Leutheuser zum ersten Mal im Jahre 1931 aktiv. Er gab sich anlässlich der Altenburger Kirchenvertreterwahl im November 1931 den Listennamen »Deutsche Christen« und war somit Urheber dieser Bezeichnung, die bald reichsweit im

Kontext des »Kirchenkampfes« Berühmtheit erlangen sollte. 1932 beschrieb Leffler, warum diese Bezeichnung bewusst gewählt wurde und welche Vorstellungen die Urheber mit diesem Namen verbanden:

> »Wer sich also mit Ernst der Fahne Christi verschworen hat, den bitten wir erst recht, sich jeden Tag zu fragen, was der Himmel mit dem deutschen Volke vorhat, sich abzuprüfen, ob man nur Deutscher ist, weil man das deutsche Brot braucht, oder nicht doch als Deutscher einer besonderen Aufgabe zu dienen hat. Gerade in diesen Tagen des großen Wagnisses, bei dem wir alles auf die eine Karte ›Volk‹ setzen, suchten wir nach der inneren letzten Gebundenheit, Stete und Sicherheit [...]. Gibt es in einem so hoffnungslosen und verzweifelten Zustand, in dem wir uns gegenwärtig befinden, ein tröstlicheres Wissen als das, daß hinter den Dingen und Geschehnissen von heute der große Heilige von Nazareth steht. Aus solcher Freudigkeit grüßen wir alle, die über das deutsche Reich hinweg stiller und enger zusammengehören als sie's ahnen, über Stände, Kreise, Kirchen und Konfessionen hinweg, alle, denen es aufgegangen ist: Der lebendige Heiland ist auf dem Wege. So lautet für die ›Deutschen Christen‹ die Aufgabe: Deutschland. Ihre Kraft aber heißt Christus.« (63 f.)

Die Thüringer DC stellten bei ihrem ersten öffentlichen Auftreten anlässlich der Kirchenvertreterwahl in Altenburg am 8. November 1931 eine Wahlvorschlagsliste mit 20 Kandidaten auf, die gegen die kirchenpolitischen Gruppierungen »Kirchliche Einheit« und »Religiöse Sozialisten« antraten. Das Wahlprogramm wurde in einem zweiseitigen Flugblatt vorgestellt, in dem es unter anderem hieß:

»[…] Einen Gott, der alle Völker und in jedem Einzelstaate alle Menschen zu einem großen Brei zusammenrühren will, sodaß ein jeder jedem andern gliche, halten wir für die Erfindung von Schwarmgeistern. Wir sehen in den Unterschieden der Menschen, Geister, Völker und Rassen, der Staaten und Parteien eine für Friedenssüchtige vielleicht unbequeme Tatsache, die wir anerkennen und bejahen. Wir bekennen uns zu Gott als den Schöpfer und Erhalter dieser unterschiedlichen Welt. Wenn ER uns zu Deutschen geschaffen hat, dann wollte er ja wohl, daß wir auch Deutsche seien oder, wenn wir dies vergessen haben und dem Traume eines Internationalismus verfallen sind, dann ist das unsere deutsche Sünde, daß wir dieser [sic!] Deutschheit nicht mehr leben wollen. Wir glauben, daß uns Gott als Deutsche in die Welt geboren hat, damit wir dieser [sic!] deutschen Eigenart auch leben und in deutscher Art ihm dienen, auch wenn dies nur im Kampf geschehen kann. Doch man wird sagen: das Christentum ist doch Verkündigung des Friedens! Also werdet Pazifisten! Wir aber wissen, daß man unter der Flagge einer solchen Friedseligkeit die Deutschen heute zu nasführen versucht; denn unsere Pazifisten besorgen ja – das pfeifen die Spatzen von den Dächern! – nur die Geschäfte unsrer Feinde. Auch die Kirche beginnt jetzt zu erkennen, daß der Kampf gegen die Kriegsschuldlüge ein Kampf für Recht und Wahrheit und deshalb Christenpflicht bedeutet. […] In dieser Welt der Sünde, der Verleumdung und in dem hemmungslosen Toben der teuflischen Versöhnung [sic!] aller Hohen Tugenden sind wir Soldaten Gottes, die ihren Mann zu stellen haben. Wer einen guten Kampf gekämpft, dem ist Frieden verheißen, ein Frieden allerdings, der uns erst nach der Vollendung unsres Erdenlebens wird. Hat doch Christus selber, der Fürst des Friedens, kurz vor seinem Tode seinen Jüngern den Rat gegeben:

›Wer Geld im Beutel oder in der Tasche hat, der nehme es; wer aber nicht hat, verkaufe sein Kleid und kaufe ein Schwert.‹ (Luk. 22,36) In dieser heldischen Gesinnung ist er gegen Ichsucht, Judenschacher, Mammonsgeist und Pharisäerhochmut in den Kampf, ja in den Tod gegangen, und wir Deutschen stellen uns in seine Front.« (64 f.)

Derartige Parolen sprachen in etwa ein Drittel der Wählerschaft an, so dass der Kreis als zweitstärkste kirchenpolitische Gruppe 5 von 15 Sitzen in der Altenburger Kirchenvertretung erhielt. Nach ihrem ersten Auftritt bei der Altenburger Kirchenvertreterwahl entwickelten sich die Thüringer DC schnell zu einer festen Größe in der kirchenpolitischen Landschaft Thüringens. Die seit 1932 begonnene Verlagsarbeit und die Herausgabe der Zeitschrift »Briefe an deutsche Christen« ab Juli 1932 trugen mit dazu bei, dass die Ideen der Kirchenbewegung rasch über den Umkreis des Wieratals hinaus bekannt wurden. Als Herausgeber der »Briefe« zeichnete Leffler, als Schriftleiter fungierte Studienrat Dr. Wilhelm Bauer. Die Zeitschrift wurde zunächst monatlich, ab Oktober 1934 vierzehntägig im Zeitungsformat herausgegeben und erschien zunächst in Niederwiera, also dort, wo Leffler als Pfarrer tätig war. Nachdem Leffler ab Juni 1933 eine Tätigkeit im Thüringischen Volksbildungsministerium in Weimar aufgenommen hatte, wurde Weimar sowohl zum Erscheinungsort der »Briefe« als auch zum Sitz der Geschäftsstelle der Thüringer DC. Die »Briefe an deutsche Christen« blieben bis zum allgemeinen Druckverbot der kirchlichen Presse im Jahre 1941 das Informations- und Erbauungsorgan der Thüringer DC, ab dem Jahrgang 1937 wurde der Titel in »Die Nationalkirche. Briefe an deutsche Christen« geändert. Der Verlag, der nach 1933 bis zum Jahre 1941 ständig expandierte, sodass 1938 sogar ein Verlagshaus in Weimar erworben werden musste, gab neben den »Briefen« eine Fülle von religiösen und politischen Schriften heraus, welche dabei halfen, die Ideologie der Kirchenbewegung zu verbreiten. Die Notwendigkeit, sich neben der politischen Arbeit auch immer stärker kirchenpolitisch zu engagieren, begründete Thieme wie folgt:

> »Da nun die Kirchen nicht wegzudenken, nicht wegzubefehlen und auch nicht durch einen Gewaltakt zu beseitigen sind, muß ein Weg beschritten werden, der die altgewordenen kirchlichen Gebilde in Bewegung bringt, so daß dadurch das Morsche zusammenstürzt, das wirkliche Leben aber aus allen Kirchentrümmern gerettet wird. Es mußte so eine Kirchenbewegung hervorgerufen werden, die die Kirchen der Vergangenheit zu wandeln imstande war, zugleich aber jugendstark genug war, im Geiste des Nationalsozialismus in die Zukunft zu marschieren, um so aus Tradition und neuaufbrechendem Leben endlich zur Einheit kirchlichen Lebens zurückzufinden.« (67)

Im Titelkopf der »Briefe an deutsche Christen« befand sich auch das Symbol der »Kirchenbewegung DC«: Ein Christenkreuz, das von einem Kreis von Hakenkreuzen umrandet wird.

Abb. 3: Symbol der »Kirchenbewegung Deutsche Christen«

Das Symbol fand auch in einer Vielzahl von Veröffentlichungen, Briefen, Plakaten und Stempeln Verbreitung. Die Assoziation des Hakenkreuzkreises mit einer Dornenkrone ist offenbar gewollt. Umrahmt wurde das Symbol von der Losung der Thüringer DC: »Unsere Aufgabe ist Deutschland – unsere Kraft ist Christus«. Anfang 1937 war mit der Namensänderung der Zeitschrift in »Die Nationalkirche« neben der Losung auch das Symbol aus dem Kopf entfernt und durch ein neues Zeichen ersetzt worden. Das Kreuz wurde dort in das Hakenkreuz integriert.

Abb. 4: Symbol der »Nationalkirchlichen Bewegung Deutsche Christen«

Leutheuser, 1937 Schriftleiter der »Nationalkirche«, erläuterte die Verwendung des neuen Symbols wie folgt:

> »Um unserem deutschen Volke die innerste Kraftquelle zur Erfüllung seiner Aufgabe zu erhalten, gilt es die dem Nationalsozialismus eingeborgene göttliche Ahnung um ein wahrhaftiges Christentum feste Gestalt werden zu lassen. [...] Eigentlich ist das Kreuz im Hakenkreuz enthalten. Da aber heute die volkszerspaltenden Sektenkirchen das Zeichen des Kreuzes zum Gegensymbol des Hakenkreuzes mißbrauchen wollen, bringen wir in unserem Symbol zum Ausdruck, daß uns das kraftgebende Geheimnis Gottes im Kreuz leuchtend erschlossen ist und darum nicht gegen, sondern nur im Hakenkreuz als Zeichen des gnädigen Gottes wirken kann. Kreuz und Hakenkreuz, zwei Symbole und doch eins, wie Seele und Leib, Ewigkeit und Zeit, Gott und Volk.« (69)

Damit war auch die letzte räumliche Trennung zwischen Hakenkreuz und Christenkreuz, zwischen Nationalsozialismus und Christentum, im Symbol der Thüringer DC überwunden: Das Hakenkreuz dominierte, das Christenkreuz wurde ins Hakenkreuz integriert. Dieses neue Symbol sollte allerdings nicht lange Bestand haben. Seit der Ausgabe Nr. 19 vom 9. Mai 1937 wurde es im Zeitschriftenkopf notdürftig durch einen Werbeslogan überklebt, da von Seiten des Staates auf der Grundlage des Gesetzes zum Schutz der Bezeichnungen der NSDAP Einwände gegen die Verwendung des Hakenkreuzes in Verbindung mit dem Christenkreuz erhoben wurden.[12] Am 23. März 1938 folgte das offizielle Verbot durch den Chef der Sicherheitspolizei: Das Zeichen erwecke den Eindruck, »daß hinter den Deutschen Christen Partei und Staat stünden.« (70)

Im Jahre 1932 hatte die »Kirchenbewegung DC« allerdings noch keine derartigen Schwierigkeiten, vielmehr kooperierte man mit den nationalsozialistischen Parteistellen in Thüringen und trug zur Aufbauarbeit der NSDAP in Thüringen bei. Die Werbearbeit der Thüringer DC ging mit »Propaganda- und Werbemärschen der SA« und dem »Aufbau der SS« in Thüringen einher. Die Folge war die Verbreitung des Ideengutes der »Kirchenbewegung DC« in ganz Thüringen. Am 22. Januar 1933 wurde zum dritten Mal der thüringische Landeskirchentag, wie die Synode der Thüringer evangelischen Kirche seit 1920 genannt wurde, neu gewählt. Jetzt erschien die »Kirchenbewegung DC« bereits in allen Kirchenkreisen Thüringens auf den Wahllisten und konnte nahezu ein Drittel der Stimmen auf sich vereinigen. In vier von sechs Wahlkreisen hatten die Thüringer DC sogar die Mehrheit der Stimmen gewonnen, so dass die »Kirchenbewegung« stärkste Fraktion im neuen thüringischen Landeskirchentag wurde. Unter ihren 16 Abgeordneten befand sich als prominentestes Mitglied auch der nationalsozialistische Staatsminister Fritz Wächtler, der 1935 zum Gauleiter der bayrischen Ostmark Bayreuth ernannt wurde. Am 29. April 1933 wurde Leutheuser zum hauptamtlichen, die DC-Pfarrer Paul Lehmann und Martin Sasse, der 1934 auch zum thüringischen Landesbischof gewählt wurde, zu nebenamtlichen Mitgliedern des Landeskirchenrates vereidigt. Leutheuser erhielt darüber hinaus die Leitung des Dezernats »Jugend und Volksbildung« in der Thüringer evangelischen Kirche, eine Funktion, die mit dem Amt des Landesjugendpfarrers und der Führung des Volksdienstes verbunden war, der für die innerkirchliche Schulungs- und Öffentlichkeitsarbeit zum Zwecke der »Volksbildung« und »Volksmission« zuständig war. Der neue Landeskirchenrat verabschiedete zugleich einen »Gleichschaltungsantrag«, nach dem er die Kirchenverfassung und die kirchlichen Gesetze ohne Zustimmung des Landeskirchentages verändern oder sogar gänzlich aufheben konnte. Ferner wurden die »Religiösen Sozialisten« als »Vertreter der marxistischen Weltanschauung« aus dem thüringischen Landeskirchentag entfernt.

Mit Leffler als Gründer und Leiter der »Kirchenbewegung DC« stellten die neuen Machthaber am 19. April 1933 auch personell eine Verbindung zwischen Staat und Kirche her. Offenbar auf eigene Initiative, unterstützt von Volksbildungsminister Wächtler, wurde Leffler ins Thüringische Volksbildungsministerium in die Abteilung »Jugend- und Volkserziehung« des neu gebildeten thüringischen Kabinetts berufen und als Pfarrer vom thüringischen Landeskirchenrat beurlaubt. Im Mai 1933 erhielt der Landeskirchenrat die fernmündliche Mitteilung des Staatsministeriums, dass Leffler zum Verbindungsmann zwischen Reichsstatthalter Sauckel und der thüringischen Landeskirchenregierung bestimmt worden sei. Am 1. Juni 1933 nahm Leffler seine Arbeit als Regierungsrat im Volksbildungsministerium auf und konnte von dort aus direkt Einfluss auf die Kirchenpolitik in Thüringen nehmen. Mit seinen Verbindungen zu den politischen Entscheidungsträgern im Ministerium wurde Leffler somit zum wichtigsten Verbindungsglied zwischen Staat und Kirche, Partei und »Kirchenbewegung DC« in Thüringen. Leffler nutzte seine Stellung im Ministerium in der Folgezeit gezielt dazu, Kirchenpolitik im Sinne der von ihm geführten Bewegung zu machen.

Die »Machtergreifung« der Nationalsozialisten am 30. Januar 1933 erlebten die Mitglieder der »Kirchenbewegung DC« als »Stunden unvergleichlichen Jubels, tiefster Ergriffenheit und unaussprechlichen Dankbarkeitsgefühles« (77). Unter diesem Eindruck gliederte sich die »Kirchenbewegung DC« unter Betonung des für die Thüringer ideologisch zentralen Gedankens der Volksgemeinschaft und der Notwendigkeit, fortan alle DC-Kräfte bündeln zu wollen, als »Landesgemeinde Thüringen« in die reichsweit operierende deutsch-christliche Organisation der »Glaubensbewegung Deutsche Christen« ein, behielt aber ihre organisatorische Eigenständigkeit. Im Unterschied zur »Kirchenbewegung DC«, die wie dargestellt als eine innerkirchliche Bewegung auf Initiative von Geistlichen und Laien geformt wurde, die der nationalsozialistischen Bewegung nahe standen, erfolgte die Gründung der »Glaubensbewegung DC« unter kirchenpolitischen Gesichtspunkten auf direkte Initiative der NSDAP. Leffler bekam im August 1933 einen Sitz im erweiterten Führerrat der »Glaubensbewegung DC«. Welchen kirchenpolitischen Einfluss die »Glaubensbewegung DC« Anfang 1933 bereits ausübte, zeigt sich daran, dass eine der zentralen Forderungen, die Bildung einer Reichskirche, in den beschleunigten Bemühungen der Kirchenbehörden nach einer kirchlichen Verfassungsreform der Deutschen Evangelischen Kirche im Jahr 1933 ihren Niederschlag fand. Dabei dürfte zwar auch die Hoffnung innerhalb vieler evangelischen Kirchenleitungen eine Rolle gespielt haben, durch ein schnelles Vorgehen der »Glaubensbewegung DC« den Einfluss auf eine Gestaltung der neuen Reichskirche zu verwehren. Allerdings sollte offenbar auch von den nicht deutschchristlich orientierten Kirchenleitern der Deutschen Evangelischen Kirche ein Signal an die neue politische Führung ausgehen, dass der Wille bestehe, sich den neuen Zeitumständen anzupassen.

Mit dem Erlass vom 25. April 1933 ernannte Hitler den ihm schon seit 1926 anlässlich einer Propagandareise nach Ostpreußen bekannten Wehrkreispfarrer Ludwig Müller, den späteren Reichsbischof, zum »Bevollmächtigten für die Angelegenheiten der evangelischen Kirche«. Müller übernahm am 16. Mai 1933 auch die Schirmherrschaft über die »Glaubensbewegung DC« und versuchte fortan, die Gleichschaltung der Deutschen Evangelischen Kirche voranzutreiben. Die Ernennung Müllers zum Kandidaten für das Reichsbischofsamt wurde auch von der »Kirchenbewegung DC« unterstützt. Am 22. Juni 1933 schrieb Leffler in einem Brief an die neue »Reichsleitung der Deutschen Christen« in Berlin, dass die Thüringer DC mit rund 300 Versammlungen für die Wahl Müllers zum neuen Reichsbischof geworben hätten. Auf Massenversammlungen der Thüringer DC seien Telegramme an Hitler und an Reichspräsident von Hindenburg versandt und die thüringische Presse mit Artikeln versorgt worden; 60 bis 70 Prozent des Kirchenvolkes ständen hinter Müller. Allerdings unterlag Müller am 26. Mai 1933 bei der Wahl der Deutschen evangelischen Landeskirchenführer gegen den Kandidaten der zur »Glaubensbewegung DC« in Opposition stehenden »Jungreformatorischen Bewegung«, Friedrich von Bodelschwingh, dem Leiter der diakonischen Anstalten in Bethel. Mit Propagandafeldzügen und Protestaufmärschen reagierten die DC-Anhänger, unterstützt von Parteiorganisationen der NSDAP, auf die Wahl von Bodelschwinghs. Auch Leffler reagierte mit Protesttelegrammen an Reichspräsident von Hindenburg und an Reichskanzler Hitler. Daraufhin griff der nationalsozialistische Staat mit der Einsetzung eines Staatskommissars in der Kirchenabteilung des Kultusministeriums selbst in die kirchliche Verwaltung ein, was zum Rücktritt von Bodelschwinghs führte.

Nach der Verabschiedung der neuen evangelischen Kirchenverfassung am 11. Juli 1933 wurden zwölf Tage später auf Anordnung Hitlers reichsweite Kirchenwahlen auf den 23. Juli 1933 angesetzt. Dieser Zeitraum reichte kaum aus, um eine ordnungsgemäße Wahl durchführen zu können. Vielerorts wurden neue Wahllisten, in die sich die Gemeindeglieder hätten eintragen müssen, um an der Wahl teilnehmen zu können, gar nicht erst aufgestellt. Das Gesetz des Handelns lag zu diesem Zeitpunkt sichtbar nicht mehr in den Händen der evangelischen Kirchenleiter, sondern bereits beim nationalsozialistischen Staat. Kirchlicher Protest gegen diese staatliche Einmischung blieb allerdings weitgehend aus, so dass die Wahl planmäßig durchgeführt werden konnte. Die »Glaubensbewegung DC« erfuhr massive Wahlhilfe von Seiten der NSDAP, die ihren Parteiapparat zur Verfügung stellte. NS-Kreis- und Ortsgruppenleiter mobilisierten Parteimitglieder zur Kirchenwahl und am Vorabend der Wahl machte Hitler im Rundfunk Werbung für die Deutschen Christen. Die »Glaubensbewegung

DC« erreichte mit reichsweit durchschnittlich ungefähr 70 Prozent der Stimmen einen großen Wahlerfolg. Die Wahlbeteiligung lag erheblich höher als bei vorherigen Kirchenwahlen, was für einen Erfolg der Mobilisierungsmaßnahmen bei bisherigen Nichtwählern durch die Nationalsozialisten spricht. Fortan hatte die »Glaubensbewegung DC« die synodale Mehrheit in fast allen deutschen evangelischen Landeskirchen, nur die Landeskirchen in Bayern, Baden-Württemberg und Hannover blieben »intakt«.

In Thüringen fanden anlässlich der Kirchenwahlen am 23. Juli 1933 Neuwahlen des Landeskirchentages und der örtlichen Kirchenvertretungen statt. Mit rund 88 Prozent der abgegebenen Stimmen ging die »Kirchenbewegung« klar als Sieger hervor. Der neue Landeskirchentag beschloss auf seinen Sitzungen vom 6. und 7. September 1933 die Übernahme des seit dem 7. April 1933 für Staatsbeamte gültigen »Arierparagraphen« auch für Geistliche und kirchliche Beamte der thüringischen Landeskirche. Der neu gewählte 4. Thüringer Landeskirchentag hatte bis 1945 Bestand, dem staatlichen »Führerprinzip« folgend sollte künftig den jeweiligen Leitern der kirchenpolitischen Gruppierungen die Einsetzung der Abgeordneten des Landeskirchentages zustehen. Am 18. Oktober 1933 wurde im Konfirmandenunterricht der Thüringer evangelischen Kirche offiziell der Hitlergruß eingeführt. Im gleichen Monat folgte eine Einverständniserklärung der Thüringer Kirche zur Zusammenarbeit mit dem Staat in »rassehygienischen Fragen« im Sinne des »Gesetzes zur Verhütung erbkranken Nachwuchses«. Am 6. März 1934 wurde zudem vom thüringischen Landeskirchenrat beschlossen, dass kirchliche Zeugnisse zum Nachweis der arischen Abstammung gebührenfrei auszustellen waren.

Aus einem Schreiben des Pfarrers Ernst Otto, des Leiters der Lutherischen Bekenntnisgemeinschaft in Thüringen, an den Präses der Bekenntnissynode der Deutschen Evangelischen Kirche Karl Koch vom 20. Juni 1934 wird deutlich, wie weit in Thüringen die Geistesverwandtschaft zwischen nationalsozialistischen Machthabern und deutsch-christlicher Kirchenleitung Mitte 1934 reichte und mit welchen Schwierigkeiten die kirchliche Opposition gegen die Thüringer DC unter diesen speziellen Bedingungen zu kämpfen hatte:

> »Die DC in Thüringen haben von je her in engster Zusammenarbeit mit den Parteistellen gestanden. Sie erheben den Anspruch, die Schöpfer der Idee des DCtums zu sein und sind es wohl auch, insofern sie schon seit Jahren, wohl seit 1929, für ihre Idee werben. Sie haben von Anfang an in engster Fühlung mit den Parteistellen gestanden und sind mit die wichtigsten Mitkämpfer der Partei zur Eroberung der Macht gewesen. Sie haben darum in der Partei nicht nur in weitem Umfang persönliche Beziehungen, sondern auch wirkliches Vertrauen gewonnen, sodass die Wahlen [gemeint sind die Kirchenwahlen vom 23. Juli 1933] im hohen Maße von der Partei getragen worden sind. [...] Das Dogma, dass ein Nationalsozialist auf kirchlichem Gebiet Deutscher Christ zu sein habe und dass die Opposition gegen die DC politischer Reaktion gleich komme, beherrscht auch heute noch durchaus das Denken der Thüringer Bevölkerung.« (96f.)

2.2 *»Durch Adolf Hitler zu Jesus Christus«* – Die »Nationalkirchliche Bewegung Deutsche Christen«

Mit dem Mandat der Kirchenwahlen vom 23. Juli 1933 gelang es der reichsweit operierenden »Glaubensbewegung DC«, die kirchenpolitischen Machtpositionen in der Mehrheit der Landes- und Provinzialkirchen in Deutschland zu übernehmen. Zwar waren die synodalen Mehrheiten der Deutschen Christen nicht in allen Landeskirchen so eindeutig wie in Thüringen, aber auch in der wegen ihrer Größe bedeutendsten evangelischen Landeskirche, der Altpreußischen Union, hatte die »Glaubensbewegung DC« bis auf die Kirchenprovinz Westfalen die Mehrheiten in den Kirchenvertretungen gewinnen können.

Am 4. August 1933 wurde Müller, Hitlers »Bevollmächtigter für die Angelegenheiten der evangelischen Kirche«, vom altpreußischen Kirchensenat einstimmig zum Landesbischof der Altpreußischen Union gewählt, auf der Nationalsynode in Wittenberg am 27. September 1933 erfolgte dann seine Wahl zum Reichsbischof. Zudem richtete die »Einstweilige Leitung der Deutschen Evangelischen Kirche« anstelle der bisherigen Generalsuperintendenturen eine Reihe neuer Bischofs- und Propsteistellen ein. So erhielt beispielsweise der Reichsleiter der »Glaubensbewegung DC«, Pfarrer Joachim Hossenfelder, einen Bischofssitz in Brandenburg. Führende Mitglieder der Glaubensbewegung, wie etwa der Jurist Dr. Friedrich Werner, der zum Präsidenten des Evangelischen Oberkirchenrats in Berlin berufen wurde, erhielten hochrangige Posten innerhalb der Deutschen Evangelischen Kirche.

Am 24. August 1933 wurde zunächst für die brandenburgische Provinzialkirche und am 6. September 1933 durch die

Mehrheit der Deutschen Christen in der altpreußischen Generalsynode der »Arierparagraph« in der größten evangelischen Landeskirche eingeführt, andere deutsch-christlich geführte Landeskirchen folgten. An der Einführung des »Arierparagraphen« in der Kirche entzündete sich in der Folge der »Kirchenkampf« zwischen den Deutschen Christen und dem von Pfarrer Martin Niemöller gegründeten »Pfarrernotbund« und der späteren Bekennenden Kirche. Trotzdem blieb der »Kirchenkampf« eine Auseinandersetzung um das Bekenntnis und die Ordnung der Kirche, den Gegnern der Einführung des »Arierparagraphen« ging es primär darum, die Unabhängigkeit der kirchlichen Institution zu wahren. Die staatliche Judenpolitik wurde auch von der überwiegenden Mehrheit der Mitglieder des Pfarrernotbundes und der Bekennenden Kirche toleriert beziehungsweise sogar begrüßt. Immerhin gelang es der kirchlichen Opposition zu den Deutschen Christen, dass auf der Nationalsynode in Wittenberg auf die Einführung des »Arierparagraphen« für den Gesamtbereich der Deutschen Evangelischen Kirche verzichtet wurde, denn Reichsbischof Müller bemühte sich fortan verstärkt um eine »Befriedung«, da die zunehmende Unruhe innerhalb der evangelischen Kirche auch den staatlichen Machthabern missfiel. Dies erzürnte allerdings Teile des radikalen Flügels der DC-Bewegung. Der Unmut entlud sich am 13. November 1933 auf einer Kundgebung der »Glaubensbewegung DC« im Berliner Sportpalast.

Der Gauleiter des DC-Gaues Groß-Berlin, Reinhold Krause, artikulierte in seinem Referat über »Die völkische Sendung Luthers« die Unzufriedenheit innerhalb der Bewegung mit der deutsch-christlichen Reichskirchenregierung, die seiner Meinung nach einzig auf die Festigung ihrer eigenen kirchenpolitischen Machtstellung bedacht sei. Die einsetzende Stagnation innerhalb der DC-Bewegung wurde verantwortlich gemacht für ein wachsendes Desinteresse der NSDAP und das Abwandern enttäuschter Anhänger. Deshalb seien, so Krause, vermehrte Anstrengungen nötig, um eine möglichst universale Missionierung des deutschen Volkes voranzutreiben:

> »Dazu ist Heimatgefühl notwendig, und der erste Schritt zu diesem Heimischwerden ist die Befreiung von allem Undeutschen im Gottesdienst, Befreiung vom Alten Testament mit seiner jüdischen Lohnmoral, von diesen Viehhändler- und Zuhältergeschichten. Mit Recht hat man dieses Buch als eines der fragwürdigsten Bücher der Weltgeschichte bezeichnet. Es geht nicht an, daß Pastoren der Deutschen Christen erklären: wir stehen nach wie vor auf dem Boden des Alten Testaments, und auf der anderen Seite steht in den Richtlinien: ›artgemäßes Christentum‹. Eins schließt das andere praktisch aus. [...] Wenn wir Nationalsozialisten uns schämen, eine Krawatte vom Juden zu kaufen, dann müßten wir uns erst recht schämen, irgendetwas, das zu unserer Seele spricht, das innerste Religiöse vom Juden anzunehmen. (Anhaltender Beifall.) Hierher gehört auch, daß unsere Kirche keine Menschen judenblütiger Art mehr in ihren Reihen aufnehmen darf. Wir haben nicht nur die Judenmission bekämpft, sondern wir haben immer wieder betont: judenblütige Menschen gehören nicht in die deutsche Volkskirche (starker Beifall), weder auf die Kanzel, noch unter die Kanzel. [...] Es wird aber auch notwendig sein, daß unsere Landeskirche sich damit beschäftigt, daß alle offenbar entstellten und abergläubischen Berichte des Neuen Testaments entfernt werden, und daß ein grundsätzlicher Verzicht auf die ganze Sündenbock- und Minderwertigkeitstheologie des Rabbiners Paulus ausgesprochen wird [...]. Wenn wir aus den Evangelien das

herausnehmen, was zu unserem deutschen Herzen spricht, dann tritt das Wesentliche der Jesuslehre klar und leuchtend zutage, das sich – und darauf dürfen wir stolz sein – restlos deckt mit den Forderungen des Nationalsozialismus.« (108)

Krauses Ausführungen entrüsteten die Mehrheit in der deutschen kirchlichen Öffentlichkeit. Selbst vielen Anhängern der Deutschen Christen gingen die Forderungen des radikalen Flügels der »Glaubensbewegung DC« zu weit. Neben den als häretisch gebrandmarkten Ausfällen Krauses wog besonders schwer, dass die Veranstaltung im Sportpalast durch die Teilnahme führender Vertreter der »Glaubensbewegung DC« und deutsch-christlicher Pröpste sowie Oberkonsistorialräte einen kirchenoffiziellen Charakter trug. Durch die nach der Berliner Kundgebung aufkommende massive Kritik geriet Müller stark unter Druck. Der Reichsbischof distanzierte sich von den Ausführungen Krauses und legte am 6. Dezember 1933 die Schirmherrschaft über die »Glaubensbewegung DC« nieder. Hossenfelder gelang es in der Folge nicht, die Aufspaltung der »Glaubensbewegung« zu verhindern, zu groß waren die Unterschiede in den einzelnen Landesgemeinden zwischen gemäßigten und radikalen Positionen. Viele DC-Landesgemeinden erklärten sich wieder für unabhängig und verfolgten ihren eigenen kirchenpolitischen Kurs, so auch die Thüringer DC, die von Hossenfelder aufgrund ihrer radikalen Haltung am 24. November 1933 aus der »Glaubensbewegung« ausgeschlossen wurden.

Mit diesem Ausschluss begann der »Marsch ins Reich« der »Kirchenbewegung DC«, die zu einem Sammelbecken radikaler Deutscher Christen im ganzen Reich wurde. Ihre Operationsbasis war die von ihr dominierte Thüringer evangelische

Landeskirche. Unter der Leitung von Leutheuser und Leffler, der dazu auch im Thüringischen Volksbildungsministerium seine politischen Verbindungen nutzte, sollte die ureigene, unverbrauchte Idee einer überkonfessionellen, nationalkirchlichen Ausrichtung die deutsch-christliche Bewegung wieder konsolidieren helfen. Bereits im Jahr 1934 entstanden kleinere Ableger der »Kirchenbewegung DC« in Sachsen, in Hessen, in Bayern, im Nahegebiet und im Rheinland. Während die »Glaubensbewegung DC« ab Ende 1933 deutlich an kirchenpolitischer Bedeutung verlor, konnten die Thüringer DC in den Folgejahren ihren Einfluss innerhalb der DC-Bewegung stetig vergrößern. Die spezifische Ideologie, die sie vertraten, wird auch an den Grundsätzen deutlich, die kurz nach ihrem Ausschluss aus der »Glaubensbewegung DC« im November 1933 veröffentlicht wurden:

»1. Wir deutschen Christen glauben an unseren Heiland Jesus Christus, an die Macht seines Kreuzes und seiner Auferstehung. Jesu Leben und Sterben lehrt uns, daß der Weg des Kampfes und der Passion zugleich der Weg der Liebe und der Weg zum Leben ist. Wir sind durch Gottes Schöpfung hineingestellt in die Blut- und Schicksalsgemeinschaft des deutschen Volkes und sind als Träger seines Schicksals verantwortlich für seine Zukunft. Deutschland ist unsere Aufgabe – Christus ist unsere Kraft!

2. Quelle unseres Glaubens ist der Gott des ewigen Lebens. Er findet seine Bestätigung durch die Gottesoffenbarung in der Bibel, die Glaubenszeugnisse der Väter, sowie der frommen Seher und Künder unseres Volkes. Das N.T. ist uns die heilige Urkunde vom Heiland, seines und unsres ewigen Vaters Reich. Das Alte Testament ist für unsern Glauben von Wert,

soweit es uns das Verständnis für unseres Heilands Leben, Kreuz und Auferstehung erschließt. Doch braucht das deutsche Volk eine neue Begegnung mit dem Heiland ohne den Umweg über das Judentum.

3. Wie jedem Volk, so hat auch unserm Volk der ewige Gott ein arteigenes Gesetz geschaffen. Es gewann Gestalt in dem Führer Adolf Hitler und in dem geformten nationalsozialistischen Staat. Dieses Gesetz spricht zu uns in der aus Blut und Boden erwachsenen Geschichte unseres Volkes. Die Treue zu diesem Gesetz fordert für uns den Kampf für Ehre und Freiheit.
4. Der Weg zur Erfüllung des deutschen Gesetzes ist die gläubige deutsche Gemeinde. In ihr ist Christus gegenwärtig als Geist des gnädigen und vergebenden Gottes. In ihr brennt Christi als heilige Opferbereitschaft. In ihr begegnet der Heiland dem deutschen Volk und schenkt ihm immer wieder neu die Kraft des Glaubens. Aus dieser ›Christusgemeinde der Deutschen‹ soll im nationalsozialistischen Staate Adolf Hitlers die das ganze Volk umfassende ›Deutsche christliche Nationalkirche‹ wachsen.

Ein Führer! Ein Volk! Ein Gott! Ein Reich! Eine Kirche!« (146 ff.)

Die Vormachtstellung, welche die »Kirchenbewegung DC« seit den Juliwahlen 1933 in der Thüringer Landeskirche besaß, wurde durch die Wahl Sasses zum Landesbischof im April 1934 noch weiter ausgebaut. Leutheuser trieb mit dem ihm unterstehenden »Volksdienst« die »Gleichschaltung« der Landeskirche voran: Mithilfe von Pfarrerschulungskursen, die »dazu dienen, erstens die Pfarrer untereinander im Blick auf das Gemeinsame zu einen, zweitens sie innerlich mit dem nationalsozialistischen Staat und der nationalsozialistischen Weltanschauung in Verbindung [zu] bringen« (182), und entsprechenden Kirchenvertretertagungen sollten die Theologen und Laien auf deutsch-christlichen Kurs gebracht werden. Neben den Schulungen für Pfarrer und Kirchenvertreter wurden zusätzlich dreitägige Mädchen-, Frauen-, Jungmänner- und Männerschulungskurse sowie Kurse für Theologiestudenten abgehalten. Ziel war es, in möglichst vielen Gemeindekreisen durch die Schulungsarbeit Menschen zu sammeln, die sich in den Dienst der Bewegung stellen wollten, um mit diesen die so genannten Kerngemeinden der künftigen Nationalkirche zu bauen. Zur Unterstützung dieser Arbeit wurden seit Anfang 1934 Schulungsbriefe herausgegeben. Einen breiten Raum nahm in diesem Schulungsmaterial die Organisation der »Gottesfeiern« ein. Ähnlich wie bei nationalsozialistischen Feiern und Aufmärschen spielte auch bei diesen Feierstunden der äußere Rahmen, also die Initiierung der Feste, welche die Emotionalität der Besucher ansprechen sollte, eine große Rolle. Zur Ausgestaltung der Feiern wurde in »Feierentwürfen« entsprechendes Material in Form von Lesungen, Gebeten und Liedern im Sinne eines deutsch-völkischen Christentums entwickelt und bereitgestellt. Künftig sollte es weniger um Demut als um Vergewisserung gehen, dass Gott mit dem deutschen Volk eine besondere Sendung vorhabe. Geplant war, den traditionellen Gottesdienst schrittweise durch die »Gottesfeiern« zu ersetzen. Auch für die Neugestaltung des Konfirmanden- und Religionsunterrichtes wurden entsprechende Konzepte erarbeitet.

Vom 20. bis 22. Oktober 1934 fand in Eisenach die erste Reichstagung der »Kirchenbewegung DC« statt. Anlässlich der Reichstagung gab es auch einen Empfang für Leffler, Leutheuser und Landesbischof Sasse beim thüringischen Reichsstatthalter und Gauleiter Sauckel im Reformationszimmer der Wartburg. Dort wurde festgestellt,

»[...] daß zwischen der Thür. evangelischen Kirche und der Kirchenbewegung Deutsche Christen einerseits und der nationalsozialistischen Bewegung und dem Lande Thüringen andererseits ein herzliches Vertrauensverhältnis im Geiste des Führers besteht. Es ist ein Beweis für die Unverbrüchlichkeit des nationalsozialistischen Gemeinschaftsgeistes, der die Männer, die auf verschiedenen Gebieten des deutschen Lebens arbeiten, in allen entscheidenden Fragen zusammenstehen läßt.« (283)

Die Thüringer DC konnten mit ihrer Reichstagung sehr zufrieden sein. Das Verhältnis zwischen der »Kirchenbewegung DC« und der NSDAP in Thüringen schien ungetrübt, und auch die theologische wie organisatorische Arbeit machte Fortschritte. Thieme äußerte rückblickend sogar, dass sich die Pfarrer »auf der gewaltigen Tagung« der Thüringer DC zu einer »gemeinsamen Aufgabe« zusammengefunden und »das Rüstzeug zum Bau an der kommenden Kirche« erworben hätten, »während im übrigen Deutschland der Theologenstreit kein Ende nehmen wollte« (284).

Um den Streit zwischen Bekennender Kirche und Deutschen Christen innerhalb der evangelischen Kirche zu beenden, wurde am 16. Juli 1935 der zum engeren Kreis des Führers zählende Hanns Kerrl zum »Reichsminister für kirchliche Angelegenheiten« ernannt. Kerrl wollte der evangelischen Kirche die Möglichkeit bieten, ihre inneren Schwierigkeiten selbst zu überwinden, um damit dem staatlichen Interesse nach Beendigung des Kirchenstreites nachzukommen. Als Gegenleistung für dieses Entgegenkommen erwartete er von der Kirche fortan eine positive Haltung gegenüber dem nationalsozialistischen Staat, was sich sowohl in einer »Entpolitisierung« der Kirche als auch in der geistigen Ausrichtung der Kirche auf den Nationalsozialismus bemerkbar machen sollte. Zu diesem Zweck gründete Kerrl am 3. Oktober 1935 einen Reichskirchenausschuss, der fortan die Leitungsfunktionen der Deutschen Evangelischen Kirche übernahm; ein entsprechender Landeskirchenausschuss der Altpreußischen Union übernahm zeitgleich dieselben Befugnisse für die größte evangelische Landeskirche. Die Kirchenausschüsse waren per Verordnung bis zum 30. September 1937 befristet und sollten bis dahin eine »Befriedung« des staatlich unerwünschten Kirchenstreites leisten. Als Mitglieder der Ausschüsse wurden im Sinne der Nationalsozialisten politisch zuverlässige Personen ausgewählt, die kirchenpolitisch dem gemäßigten Flügel der Bekennenden Kirche, der sogenannten »Mitte« zwischen Bekennender Kirche und Deutschen Christen, oder den weniger radikalen Deutschen Christen zuzuordnen waren.

Die »Kirchenbewegung DC« nahm zu dem von Reichskirchenminister Hanns Kerrl eingesetzten Reichskirchenausschuss zunächst eine positive Haltung ein, man wollte sich dem nationalsozialistischen Minister gegenüber loyal und staatstreu zeigen. Dies änderte sich im Juli 1936, als ein »Theologisches Gutachten des Reichskirchenausschusses über die Thüringer Richtung der Deutschen Christen« erschien, in dem die von der »Kirchenbewegung DC« vertretene Theologie scharf zurückgewiesen und sogar festgestellt wurde, dass die Thüringer DC nicht länger auf dem Boden der auf Bibel und Bekenntnis begründeten Verfassung der Deutschen Evangelischen Kirche stehen würden. Das Gutachten des Reichskirchenausschusses verfolgte den Zweck, auch in der Thüringer evangelischen Landeskirche einen Kirchenausschuss einzusetzen und die Macht der Deutschen Christen damit einzuschränken. Gegen dieses Vorhaben liefen die Thüringer DC Sturm und es gelang ihnen mithilfe des thüringischen Gauleiters Sauckel, die Einsetzung eines Ausschusses in der Thüringer Kirche zu verhindern. Im Zuge der Auseinandersetzungen mit dem Reichskirchenausschuss solidarisierten sich auch die anderen deutsch-christlich geführten Landeskirchen in Mecklenburg, Lübeck, Oldenburg, Anhalt und Bremen mit der thüringischen Landeskirche, da auch sie ihre Absetzung durch einen Kirchenausschuss in ihrer Landeskirche befürchten mussten. Besonders die Landeskirchenleitungen in Mecklenburg und Lübeck, die eine enge Verbindung zu den Thüringern suchten und diesen auch ideologisch sehr nahe standen, mussten sich durch das Gutachten ebenfalls direkt bedroht fühlen. Am 18. August 1936 traten in Berlin eine Reihe von DC-Kirchenführern zusammen und berieten über ein gemeinsames Vorgehen gegen den Reichskirchenausschuss. Es gelang, unterschiedliche Gauleiter zu gewinnen, die sich gegen die von dem Ausschuss vertretene Kirchenpolitik in ihren Landesteilen zur Wehr setzen, so dass auch die vom Reichskirchenausschuss angestrebte Einsetzung von Ausschüssen in allen Landeskirchen vom Reichskirchenministerium nicht durchgesetzt wurde. Die durch das Gutachten gegen die Thüringer DC verursachte Unruhe innerhalb der Deutschen Evangelischen Kirche stand zudem im krassen Widerspruch zu dem Wunsch der NS-Führung, den gesellschaftlichen Störfaktor Evangelische Kirche im totalitären Staat endlich im dritten Jahr nach der »Machtergreifung« auszuschalten. Berichte in der Auslandspresse über den deutschen »Kirchenkampf« waren Hitler ein Dorn im Auge und rückten die Arbeit des Reichskirchenministeriums in ein schlechtes Licht. Zudem wurden am 1. August 1936 die Olympischen Spiele in Berlin eröffnet, die zum positiven Image des NS-Staates beitragen sollten und nicht durch den fortwährenden Kirchenstreit belastet werden sollten. Im Februar 1937 trat der Reichskirchenausschuss, der seine kirchenpolitischen Ziele nicht durchsetzen konnte, zurück. Die deutsch-christlich geführten Landeskirchen wurden daraufhin von Kerrl als geordnete Landeskirchen auch offiziell anerkannt.

Resümierend kann daher festgestellt werden, dass das Gutachten des Reichskirchenausschusses gegen die Thüringer DC der »Kirchenbewegung DC« sehr nutzte, da es einerseits den Zusammenhalt unter den deutsch-christlich geführten Landeskirchen beförderte und andererseits den Thüringer DC, die dem Reichsausschuss erfolgreich die Stirn geboten hatten, im deutsch-christlichen Spektrum weiter Zulauf bescherte. So kam es ab 1936 vermehrt zu Zusammenschlüssen von DC-Bewegungen. So schlossen sich die »Kirchenbewegung DC«, die Bremer DC und eine deutschchristliche Bewegung, die sich um den ehemaligen Reichsleiter der »Glaubensbewegung DC« Hossenfelder gesammelt hatten, am 24. März 1936 im so genannten »Führerring« zusammen. Am 28. Juni 1936 gliederten sich die Sächsischen Deutschen Christen direkt in die »Kirchenbewegung DC« ein. Der »Führerring« erfuhr am 20. August 1936 im so genannten »Führerkreis« eine Erweiterung, in dem sich neben den genannten Gruppierungen auch DC-Gruppen aus anderen Kirchengebieten dem Bündnis anschlossen. Leffler wurde zum Sprecher des Führerkreises gewählt, was verdeutlicht, dass das neue, schlagkräftige Bündnis der Deutschen Christen von den Thüringern angeführt wurde. Am 10. November 1936, am Geburtstag Martin Luthers, wurde auf der Wartburg zu Eisenach der »Bund für Deutsches Christentum« gegründet, in dem sich neben den im »Führerring« und »Führerkreis« organisierten Gruppen auch die deutsch-christlich geführten Landeskirchen Thüringen, Mecklenburg, Lübeck, Anhalt und Bremen zusammenschlossen. Nach Angaben von Leffler waren in dem Bund etwa 250.000 eingeschriebene Mitglieder der Deutschen Christen organisiert. Im »Bund für deutsches Christentum« bildeten sich in der Folgezeit Fachabteilungen der in ihm zusammengeschlossenen Interessenverbände. So existierten in ihm beispielsweise seit Anfang 1938 eine »Arbeitsgemeinschaft deutsch-christlicher Kirchenleiter« und seit 1937 auch ein »Bund deutscher Hochschullehrer«, der sich auf einer Reichstagung der Dozentenversammlung konstituiert hatte und in dem sich nationalsozialistisch orientierte Theologieprofessoren zusammenschlossen. Viele der hier organisierten Theologen finden sich ab 1939 auch in der Mitarbeiterliste des »Entjudungsinstituts« wieder. Eine noch engere Zusammenarbeit mit den Thüringer DC verabredeten die im »Führerkreis« vertretenen DC-Gruppen aus Baden, Mecklenburg, Rheinland und Württemberg, die sich am 6. Juni 1937 auf einer Arbeitstagung in Weimar zur »Nationalkirchlichen Bewegung Deutsche Christen« zusammenschlossen. Die Leitung übernahm Leffler, sein Stellvertreter wurde der Mecklenburger Landesbischof Walther Schultz. In der Proklamation auf der Weimarer Arbeitstagung führte Leffler aus:

> »Die Deutschen Christen haben die Aufgabe übernommen, die religiöse Einung des deutschen Volkes auf positiv-christlicher Grundlage zu erkämpfen. Im Verlaufe des unheilvollen kirchenpolitischen Streites, zu dem die religiöse Auseinandersetzung in den letzten Jahren weithin entartet ist, sind die Deutschen Christen selbst in verschiedene Organisationen auseinandergefallen. Die organisatorische Zerrissenheit hat der Sache des deutschen Christentums ernsten Schaden zugefügt.

> In steigendem Masse [sic!] hat sich darum die Erkenntnis durchgesetzt, daß bei aller Eigenart und Mannigfaltigkeit der verschiedenen Organisationen der Zusammenschluß zu einer einheitlichen Bewegung aus inneren und äußeren Gründen unabweisbar ist. Dafür sind die gemeinsame Arbeit im Führerkreis, die Schaffung des Bundes für deutsches Christentum, der gemeinsame Einsatz im Wahlkampf und der Redneraustausch über alle Gaue hinweg lebendige Zeugen.« (374)

Die »Kirchenbewegung DC«, die die Aufnahmeorganisation für die »Nationalkirchliche Bewegung DC« gebildet hatte, wurde aufgelöst. Das erforderte neue Richtlinien, die am 14. Juli 1937 von Leffler unter dem Titel »Wille und Ziel der ›Deutschen Christen‹ (Nationalkirchliche Bewegung)« herausgegeben wurden. Auch diese Richtsätze stellen ein vorbehaltloses Bekenntnis zum Nationalsozialismus dar, der zur alleinigen Richtschnur des Glaubens gemacht wurde:

> »1. Die nationalkirchliche Bewegung ›Deutsche Christen‹ ist Träger der nationalkirchlichen Idee. Sie wendet sich an jeden deutschen Menschen, ohne Ansehen des Standes, des Stammes und der Konfession. Sie erstrebt die religiöse Erneuerung und Einung des deutschen Volkes.
>
> 2. Die nationalkirchliche Bewegung ›Deutsche Christen‹ sieht in der Aufspaltung des deutschen Volkes in Religionsgesellschaften, Konfessionen und Sekten eine Verleugnung Gottes, nach dessen Schöpferwillen alle Deutschen ein Volk sind. Die Konfessionskirchen und ihre überstaatlichen Bestrebungen gefährden die Einheit und Kraft der Nation. Die nationalkirchliche Bewegung kämpft um die Überwindung der Konfessionen unter der Parole: Ein Volk – Ein Glaube!

3. Die nationalkirchliche Bewegung ›Deutsche Christen‹ gründet sich in ihrem Kampfe um die religiöse Einung des deutschen Volkes auf Christus. Er verkörpert uns die unlösbare Einheit von Glaube und Liebe. In ihm findet die deutsche Seele heim zu Gott und zu sich selbst. Über seine Botschaft von Gott dem ewigen Vater und der Gotteskindschaft des Menschen wachsen die Deutschen zusammen zur Gemeinschaft auf Leben und Tod: Deutschland ist unsre Aufgabe, Christus ist unsere Kraft!
4. Die nationalkirchliche Bewegung ›Deutsche Christen‹ setzt sich ein für die Überwindung und Beseitigung alles jüdischen und fremdvölkischen Geistes in den kirchlichen Lehr- und Lebensformen und bekennt sich zum Deutschen Christentum als der artgemäßen Religion des deutschen Volkes. Christus ist nicht Sproß und Vollender des Judentums, sondern sein Todfeind und Überwinder.
5. Die nationalkirchliche Bewegung ›Deutsche Christen‹ lehnt jeden kirchlichen Herrschaftsanspruch und Gewissenszwang als undeutsch und unchristlich ab. Sie bekennt sich zu dem mehr als tausendjährigen Freiheitskampf der deutschen Seele wider ein herrschsüchtiges Kirchensystem. Sie erfüllt das Vermächtnis der von den Kirchen als Ketzer verdammten Vorkämpfer eines freien deutschen Christentums. Deutscher Christusglaube des Gewissens und der Freiheit gibt Weite und Tiefe zugleich, das religiöse Leben der gesamten Nation zu umfassen und zu gestalten.
6. Die nationalkirchliche Bewegung ›Deutsche Christen‹ steht in bedingungsloser Gefolgschaft zu Führer und Reich. Sie bekennt sich vorbehaltlos zur nationalsozialistischen Weltanschauung und zur Totalität des deutschen Lebens, die im Nationalsozialismus gefordert ist: Dienst am Volk ist Gottesdienst!

7. Die nationalkirchliche Bewegung ›Deutsche Christen‹ fordert die Einordnung der Kirche in die deutsche Volksgemeinschaft. Sie lehnt jede politische Sonderstellung und rechtliche Eigenständigkeit der Kirche ab und fordert die Übertragung der gesamten kirchlichen Ordnung auf die Ordnungsorgane des deutschen Volkes.
8. Die nationalkirchliche Bewegung ›Deutsche Christen‹ kämpft für eine radikale Erneuerung des deutschen Pfarrerstandes und erstrebt die organische Einordnung des Seelsorgeamtes in das Gesamtleben des deutschen Volkes. Die Einführung des deutschen Beamtengesetzes (Treueeid auf den Führer, Arierparagraph) ist für die Nationalkirche selbstverständlich.
9. Die Nationalkirche ist die Erfüllung ewiger Sehnsucht des deutschen Volkes: Stätte des Friedens und der Anbetung, Hort deutscher Frömmigkeit, Trutzburg des Glaubens und der Kraft.« (376ff.)

Demgegenüber verstärkte die Partei seit Anfang 1937 einen eher antikirchlich orientierten politischen Kurs mit sogenannten Maßnahmen zur »Entkonfessionalisierung des öffentlichen Lebens«, von denen auch die Thüringer DC betroffen waren. Ab Mai 1937 durfte das bereits angesprochene Symbol der »Nationalkirchliche Bewegung DC«, ein Hakenkreuz mit innen liegendem Christenkreuz, nicht mehr verwendet werden. Auch die Benutzung des Begriffes Bewegung wurde untersagt, so dass eine Namensänderung in »Deutsche Christen, Nationalkirchliche Einung« nötig wurde. Im November 1937 wandte sich Leffler an Reichskirchenminister Kerrl mit Beschwerden über den Ausschluss von Deutschen Christen aus der SS und SA. Außerdem ergingen am 11. November 1937 und 1. Juni

1938 Anordnungen von Rudolf Hess an die NS-Formationen, die Leitern, Führern und Unterführern die Ausübung eines kirchlichen Amtes untersagten. Derartige Maßnahmen zur stärkeren Trennung von Kirche und Partei trafen den Lebensnerv der DC-Bewegung, da das Anliegen einer Synthese von Nationalsozialismus und Christentum offensichtlich von immer stärker werdenden Kräften innerhalb der NSDAP zunehmend Ablehnung erfuhr. Leffler machte für diesen Wandel im April 1938 die Deutschen Christen selbst verantwortlich, da sich seiner Meinung nach nicht alle in der DC-Bewegung dem Maßstab der nationalsozialistischen Weltanschauung bedingungslos unterwerfen wollten:

»Nachdem die Deutschen Christen so verantwortungslos ihre verschiedenen Spielchen treiben, brauchen wir uns nicht wundern, wenn wir dann eines Tages bei größter Mühe und bestem Willen einfach ideell und in unserer Arbeit abgewürgt werden. Man sagt dann wohl: Die Zeit ist nicht für uns da. Es bleibt euch nichts anderes übrig als auszutreten aus der Kirche und still zu bleiben! Ich glaube nicht, daß ich hierin zu schwarz sehe, es sei denn, unter allen wirklichen und ordentlichen Nationalsozialisten innerhalb der deutschen evangelischen Kirche setzt eine gründliche Neubesinnung ein, die vor allem mit der Eitelkeit einzelner Menschen aufräumt.« (392)

Bemerkenswert an den Ausführungen Lefflers ist, dass er offensichtlich eher einen Austritt aus der Kirche als aus der NSDAP erwog. Die zunehmende Distanzierung aus Parteikreisen wurde von den Thüringer DC als ein Versagen der Kirche interpretiert, die weiterhin lieber an ihren christlichen Traditionen festhalten wolle als sich konsequent den zeitgemäßen

Denkmustern zu öffnen. Dabei verkannten sie das rein taktische Verhältnis der Partei zu den Religionsgemeinschaften und das aufgrund des Totalitätsanspruches mangelnde Interesse, zu einem Ausgleich zwischen Ideologie und Glaube zu kommen. Die Konsequenz, die die Thüringer DC vielmehr aus der »Entkonfessionalisierung« zogen, war, sich noch radikaler der nationalsozialistischen Ideologie und den staatlichen Vorgaben anzupassen, um sich gegenüber der NSDAP als treu zu erweisen. Insbesondere die jüdische Wurzel des Christentums galt es zu negieren, indem man nun verstärkt Anstrengungen unternahm, ein antijüdisches Christentum zu etablieren, das unter den Bedingungen des totalitären nationalsozialistischen Systems weiterhin eine Zukunft haben sollte. Wie anhand der Richtlinien der »Kirchenbewegung DC«, beziehungsweise der »Nationalkirchlichen Bewegung DC«, deutlich wurde, gehörte der Antisemitismus als Grundpfeiler der nationalsozialistischen Ideologie schon immer auch zum Grundsatzprogramm der Thüringer DC. Bei den kirchenpolitischen Maßnahmen orientierte man sich an der staatlichen Gesetzgebung, so wurde wie erwähnt 1933 der »Arierparagraph« in der thüringischen Landeskirche eingeführt und 1935 im Zuge der Veröffentlichung der »Nürnberger Gesetze« Überlegungen angestellt, wie die staatlichen Bestimmungen auf den kirchlichen Raum zu übertragen und die grundsätzlichen theologischen Schwierigkeiten zu überwinden seien, die einem solchen Vorhaben entgegenstanden. Der vollständige Ausschluss von so genannten »Judenchristen«, also getauften Christen, die nach den rassischen Kriterien der »Nürnberger Gesetze« im nationalsozialistischen Staat als Juden eingestuft wurden, wurde in der thüringischen Landeskirche allerdings erst später im Frühjahr 1939 vollzogen, wie später noch darzustellen sein wird. Im

Zuge der »Entkonfessionalisierung« rückte die sogenannte »Judenfrage« seit 1937 über die kirchenpolitischen Maßnahmen hinaus stärker in den Fokus, denn, wie in einer im gleichen Jahr vom »Bund für Deutsches Christentum« herausgegebenen Schrift »Jesus und die Juden!« betont wurde, sei

> »für viele Deutsche [die] Frage nach Jesus und den Juden der springende Punkt, ob sie sich überhaupt noch mit der Kirche oder positivem Christentum beschäftigen sollen. Ein Volk wie das unsere, das so namenlos an den negativen Kräften der jüdischen Art gelitten hat, ist mit Recht vorsichtig gegen alles, was von Juda herrührt. Viele werden darum erst dann überhaupt wieder anfangen, auf die Botschaft und die Person Jesu zu achten, wenn sie die Überzeugung gewinnen, daß sie dadurch nicht in ›Abrahams Schoß‹ zurückkehren.« (369)

Die Frage, wer als erster den Anstoß zur Gründung eines »Instituts zur Erforschung und Beseitigung des jüdischen Einflusses auf das deutsche kirchliche Leben« gab, ist nicht eindeutig zu beantworten: Superintendent Hugo Pich, der auf Grund seiner Aktivitäten für die Thüringer DC in der Gaugemeinde Neumark-Grenzmark in Schneidemühl wegen seiner radikal deutsch christlichen Einstellung vom Provinzialkirchenausschuss 1936 in den einstweiligen Ruhestand versetzt worden war, behauptete im Juni 1939, mit einer Denkschrift bereits Mitte 1938 als erster die Idee dazu gehabt zu haben. Tatsächlich hatte Pich im September 1938 eine »Denkschrift zur Frage der Entjudung von Kirche und Christentum« verfasst und an Leffler übersandt. In der Denkschrift stellte Pich heraus, dass die unabdingbare Voraussetzung für die »Einung des deutschen Volkes« die »Ausscheidung des ›Fermentes der Dekomposition‹ durch systematische und radikale Entjudung aller Lebensgebiete des deutschen Volkes« sei. Diesen »Gottesauftrag«, »die Führung im Weltkampf gegen das Judentum als Weltfeind zu übernehmen«, habe »der Führer« in allen Bereichen des »Gemeinschaftslebens des deutschen Volkes« inzwischen umgesetzt. Nur in der Kirche werde das »Judentum bewußter denn je bewahrt und verteidigt«, womit die Kirche zum »Rettungshafen des Judentums, damit aber zugleich zum Ausfallshafen für weitere stille Zersetzungsarbeit des Judentums im Volk« und »zum Hort der Feinde des nationalsozialistischen Deutschland« verkommen sei. Während somit das Judentum »seinen Einfluß im Mantel des Christentums zur Wirkung bringen und seinen internationalen Herrschaftsanspruch auf dem Umwege über das Christentum« zu verwirklichen suche, stehe die Kirche im nationalsozialistischen Deutschland vor der tragischen Situation, »dass das traditionelle Christentum« tatsächlich «hochgradig judenchristlich« sei und somit der Eindruck entstehe, »dass Christentum und Judentum zusammengehören« würden. Den einzigen Ausweg aus diesem Dilemma sah Pich daher in einem Bruch mit dem traditionellen Christentum und der Schaffung eines »vom Judentum gelösten, artgemäßen deutschen Christentums«, in dem der »Prozeß der Entjudung von Kirche und Christentum zielbewußt und entschlossen« vollendet werde. Bei der Durchführung dieses Programms befinde sich die deutsche Kirche aber nicht nur im Einklang mit dem Nationalsozialismus, dem sie »ein neues und vertieftes Verständnis der heiligen Schrift« verdanke, sondern auch mit Christus, der »im Kampfe gegen das religiöse Judentum den Willen Gottes« erkannt und bejaht habe. Die deutsche Kirche könne deshalb heilbringende Bedeutung für die »Kirchen anderer arischer Völker« haben, indem sie »den Weg zur Entjudung auch außerdeutscher christlicher Kirchen« freilege. Da die »Entjudung von Kirche und Christentum« eine derart umfassende und ernsthafte Bedeutung habe, müsse ein »Amt für Entjudung von Kirche und Christentum« geschaffen werden, »bei dem alle Fäden und Teilaufgaben dieser Großaktion zusammengehalten werden«, um sie »ganz systematisch und planmäßig durchzuführen«. In einer solchen »Arbeitsgemeinschaft für Entjudung von Kirche und Christentum« sollten nach Vorstellung Pichs Dozenten der theologischen Fakultäten zusammengefasst werden, die für eine »ganz sichere theologisch-wissenschaftliche Fundamentierung« dieses Programms sorgen würden. Diese sollten mit »Männern der kirchlichen Praxis (Kultus, Verkündigung, Unterricht)« und Propagandisten zusammenarbeiten und für die Verbreitung der Arbeiten sorgen. Um den »Turm des jüdischen Bollwerkes in der deutschen Volksgemeinschaft« zu bekämpfen, müsse umgehend das

> »[...] Wort ›Entjudung‹ [...] für längere Zeit zum Zielwort, zum Kampfwort werden, das durch unermüdliche Wiederholung unter immer neuen Themen in immer neuer Abwandlung der Gemeinde der Christen solange eingehämmert wird, bis man begriffen hat, worum es geht und die Notwendigkeit endlich erkennt und bejaht.« (160ff.)

2.3 *»Das Judentum ist nicht zuerst eine andere Religion, sondern eine fremde Rasse«* – Zur Person und Theologie von Walter Grundmann

Als Pich im September 1938 seine erste Denkschrift verfasste, war mit Walter Grundmann bereits ein Theologe, der ebenfalls den Thüringer DC angehörte, mit dem »Entjudungsprogramm« des Christentums beschäftigt. Im Spätherbst 1938 erschien sein Buch »Die Gotteskindschaft in der Geschichte Jesu und ihre religionsgeschichtlichen Voraussetzungen«. Mit dieser Arbeit eröffnete Grundmann eine Monografie-Reihe mit dem Titel »Studien zu deutscher Theologie und Frömmigkeit«, deren erklärtes Ziel es war, »deutsches Denken durch die Besinnung auf die volkhafte Wirklichkeit« für das Gebiet der Theologie fruchtbar zu machen. In seinem Buch beschrieb Grundmann die Gotteskindschaft als Grundidee der Verkündigung und Geschichte Jesu. Er kam dabei zu dem Resultat, dass diese Grundidee eine selbstständig hellenistische, keinesfalls aber eine alttestamentlich-jüdische Wurzel habe. Abschließend stellte Grundmann sogar fest, dass Jesus »innerlich nichts mit dem Judentum zu tun« und sich vollständig von der »jüdischen Religionswelt« gelöst habe, wie »schon aus der Tatsache erkennbar sein sollte, daß die Juden Jesus Christus ans Kreuz brachten«. Grundmanns Buch sollte fortan auf den monatlichen Arbeitstagungen der Pfarrergemeinden der »Nationalkirchliche Einung DC« ausführlich behandelt werden, um »in das Verständnis der Botschaft und des Werkes Jesu einzuführen«. (462 f.) Im September 1938 erschien zudem in der Zeitschrift »Deutsche Frömmigkeit«, die ebenfalls von den Thüringer DC unter der Schriftleitung von Wilhelm Bauer herausgegeben wurde, unter dem Titel »Das Heil kommt von den Juden …?« ein theologischer Aufsatz Grundmanns über die Bibelstelle Johannes 4,22b, in der er eine »Schicksalsfrage an die Christen deutscher Nation« zu erkennen glaubte. Denn das deutsche Volk befinde sich in einem »Existenzkampf gegen das Judentum«. Dieses wolle »die Vernichtung Deutschlands« und versuche nun durch »außenpolitische Machenschaften nach seiner Ausschaltung aus dem inneren deutschen Leben« Einfluss zu gewinnen. »Alle Mittel der Zersetzung, der Lüge und der Zerstörung« seien ihm dabei recht. (463) Grundmann kommt zu dem Ergebnis, dass das, was Jesus sei, »mit dem Wort ›Jude‹ gerade verhüllt und verdeckt, aber nicht erfaßt« werde und die Aussage vom Heil in Joh. 4,22b Ergebnis einer nachträglichen Redaktion sei. Damit ist für ihn ein grundsätzlicheres Problem aufgezeigt, nämlich dass die urchristliche Geschichte und ihr Schrifttum »im Sinne des Judentums überarbeitet und z. T. verfälscht worden« sei. Deshalb müsse die Schrift und die Geschichte des Urchristentums »unter diesen Gesichtspunkten neu untersucht und dargestellt werden«:

> »Es geht zutiefst darum, daß das fromme Leben der deutschen Nation auch vom letzten jüdischen Einfluß freigekämpft wird, damit es wachse aus seiner Art heraus, die ihm der Schöpfer gab«. (464)

Die »Ergebnisse der wissenschaftlichen Arbeit an der Bibel« dürften allerdings nicht, so Grundmann in dem Artikel weiter, »nur für die Studierstuben der Pfarrer und Professoren bestimmt« sein, sondern müssten nach Auffassung Grundmanns auch »Verwendung in Gottesdienst und Gemeindearbeit« finden. Daher sieht er eine neue »Volksausgabe der

Bibel« als eine der Hauptaufgaben »unserer Zeit« an (463). Als zukünftiger wissenschaftlicher Leiter des »Entjudungsinstituts« sollte ihm dazu schon bald Gelegenheit gegeben werden.

Walter Grundmann wurde am 21. Oktober 1906 als Sohn des Reichsbahninspektors Karl Grundmann und seiner Frau Anna in Chemnitz geboren. Grundmann beschrieb in seinen Lebenserinnerungen sein Elternhaus als einen Ort aufrechter christlicher Frömmigkeit, in dem die große deutsche Kultur- und Geisteswelt gepflegt wurde. Sein Vater hielt sogar in einem von ihm begründeten literarischen Zirkel Vorträge über Goethe und Schiller und war Schriftleiter des zentralen Chemnitzer Kirchgemeindeblattes. Zeitlebens litt er darunter, dass ihm trotz seines umfangreichen, selbst erworbenen Wissens über die deutsche Klassik ein akademischer Titel versagt blieb. Das Schicksal des Vaters, den Grundmann als seinen ersten Lehrer und als prägend für sein eigenes geistiges Leben beschrieb, dürfte sein Streben nach einer wissenschaftlichen Karriere nachhaltig beeinflusst haben. Die politische Einstellung des Vaters war völkisch-national und dem Kaiserreich verhaftet, zur Weimarer Republik habe er niemals »ein inneres Verhältnis« finden können:

> »Die Sozialdemokratie galt als die Partei vaterlandsloser Gesellen, ihr Internationalismus als Verrat am Vaterland und ihr Atheismus als verabscheuungswürdig. In dieser inneren Haltung verliefen die eindrucksfähigen Jahre unserer Jugend.« (126)

Das Buch von Walter Flex »Der Wanderer zwischen beiden Welten« sei eines seiner liebsten Bücher in der Jugendzeit gewesen. Dass am deutschen Wesen die Welt genesen solle, sei, so Grundmann, ein »unbezweifelter Glaubenssatz« seiner Erziehung gewesen: »Wir wurden erzogen, zuerst Deutsche zu sein und dann Menschen.« Diese »Erziehung im Geiste eines deutschen Nationalismus« habe ihn, wie Grundmann sich in seiner Autobiographie aus dem Jahr 1969 zurückerinnert, für den Nationalsozialismus empfänglich gemacht. Die »Überschätzung des eigenen Volkes«, wie sie ihm in seiner Jugend nahe gebracht worden sei, habe den Weg zur späteren kritiklosen Annahme der nationalsozialistischen Rassenlehre geebnet. (126f.)

Grundmann besuchte von 1913 bis 1917 die Volksschule, war Mitglied in der christlichen Jugendbewegung und im CVJM, von 1917 bis 1926 besuchte er das humanistische Staatsgymnasium in Chemnitz. Nach der Reifeprüfung entschloss er sich, der Zustimmung des Vaters gewiss, der selbst davon geträumt hatte, Pfarrer zu werden, zum Studium der Theologie in Leipzig, Tübingen und Rostock. Er ergänzte das theologische Studium durch die Fächer Kunst-, Literatur- und Philosophiegeschichte. Seine Lehrer waren die Professoren Albrecht Alt, Heinrich Böhmer, Gerhard Kittel, Friedrich Brunstäd, Johannes von Walter, Adolf Schlatter, Karl Heim, Johannes Leipoldt, Hanns Rückert und Paul Tillich. Rückblickend betonte Grundmann besonders den Einfluss von Schlatter, Kittel, Heim und Brunstäd für seinen theologischen Werdegang:

> »Besonderen Dank schulde ich Adolf Schlatter und Gerhard Kittel, die mich durch ihre gediegene Auslegung des Neuen Testaments tief in die frohe Botschaft von Jesus Christus einführten, und Karl Heim und Friedrich Brunstäd, deren große Denkleistung mich wesentlich in der Fragestellung des Verhältnisses des

christlichen Glaubens zum modernen Geistesleben förderte.« (127)

Grundmanns Kontakt zu Schlatter riss bis zu dessen Tod im Jahre 1938 nicht ab. Grundmann bezeichnete als eine seiner »großen Freuden« in seinem Leben, dass Schlatter »große Stücke auf mich gehalten habe und für mich in der Zeit des Kirchenkampfes eingetreten sei, als ich vielfach angefeindet wurde«. Schlatters Einfluss auf seinen Schüler, vor allem auch im Hinblick auf die theologische Sicht des Judentums, darf sicher nicht unterschätzt werden, ebenso wenig wie die von Grundmanns »Doktorvater« Gerhard Kittel. Nachdem Grundmann im Frühjahr 1930 in Leipzig erfolgreich sein erstes theologisches Examen abgelegt und ein halbes Jahr im Predigerseminar St. Pauli in Leipzig verbracht hatte, ging er im Oktober 1930 nach Tübingen, wo er als Assistent Kittels bis zum 31. März 1932 tätig war. Der Neutestamentler Kittel hatte seit 1926 den Lehrstuhl Adolf Schlatters in Tübingen inne. Seine Haltung zum Judentum beschrieb Grundmann wie folgt:

»Er, der große Kenner des Judentums, der mit vielen Juden in Verbindung stand und auch für seine Rabbinica-Studien und das Wörterbuch Juden zu Mitarbeitern hatte, war grundsätzlicher Judengegner.« (128)

In seiner Tübinger Zeit arbeitete Grundmann viel mit Gerhard Delling zusammen, der ihm aus der Schulzeit in Chemnitz bekannt war und später auch Mitarbeiter im Eisenacher »Entjudungsinstitut« werden sollte. Als Assistent Kittels war Grundmann wesentlich mit der Redaktion des von Kittel herausgegebenen »Theologischen Wörterbuches zum Neuen Testament« beschäftigt. Während seiner Assistentenzeit promovierte er bei Kittel im Jahr 1931 mit der Arbeit »Der Begriff der Kraft in der neutestamentlichen Gedankenwelt«.

Seit dem 1. Dezember 1930 war Grundmann Mitglied der NSDAP. Während seiner Zeit in Tübingen trat er ferner in die »Deutsch-Christliche Studentenvereinigung« ein, in der er auch publizistisch tätig war. Anfang 1932 erschien sein Aufsatz »Der Weg des Christen in der Politik. Die nationalsozialistische Bewegung und das Christentum: 10 Thesen« in den »Mitteilungen zur Förderung einer deutsch-christlichen Studentenbewegung«, in dem er ein »abstrichloses Bekenntnis zum Nationalsozialismus« ablegte. Im Frühjahr 1932 bestand Grundmann seine zweite theologische Prüfung vor dem Konsistorium der evangelischen Landeskirche Sachsen und war ab dem 1. April 1932 als Vikar in Oberlichtenau/Sachsen tätig. Am 4. Juni 1932 wurde er ordiniert und heiratete am 1. September 1932 Anneliese Opitz, Tochter eines Professors für Technik an der Staatlichen Akademie in Chemnitz. Grundmann blieb auch weiterhin publizistisch tätig: Ein Aufsatz über »Die nationale Bewegung unter dem Worte Gottes« erschien in den »Pastoralblättern« und seit Juli 1933 arbeitete Grundmann als Schriftleiter bei der vom sächsischen DC-Bischof Friedrich Coch herausgegebenen Zeitschrift »Christenkreuz und Hakenkreuz«. Ferner war er Mitarbeiter in der Zeitschrift »Glaube und Volk. Christlich-deutsche Monatsschrift«, dem Publikationsorgan der »Christlich-deutschen Bewegung«, das unter anderem von den Theologieprofessoren Emanuel Hirsch und Paul Althaus herausgegeben wurde, die dem Nationalsozialismus ebenfalls sehr aufgeschlossen gegenüberstanden. Im September 1933, nach Änderung der kirchlichen Verhältnisse in Sachsen im Zuge der Kirchenwahlen im Juli 1933, welche die Machtübernahme der Deutschen Christen mit sich brachten, wurde Grundmann von Coch ab dem 1. November 1933 unter Ernennung zum Oberkirchenrat als theologischer Hilfsarbeiter im Landeskirchenamt der sächsischen Landeskirche angestellt. Seine Haupttätigkeit bestand zu dieser Zeit in der Schulung kirchlicher Amtsträger im Sinne der DC-Ideologie und in volksmissionarischen Maßnahmen der sächsischen Landeskirche.

1933 veröffentlichte Grundmann die Schriften »Gott und Nation« und »Religion und Rasse«. Am 8. November 1933 wurde er von Coch zum stellvertretenden Leiter des Nationalsozialistischen Pfarrerbundes in Sachsen ernannt. Nach der »Sportpalastkundgebung« der Deutschen Christen im Jahre 1933 versuchte Grundmann mit Hilfe von »28 Thesen der sächsischen Volkskirche zum inneren Neuaufbau der Deutschen Evangelischen Kirche« die angeschlagene deutschchristliche Bewegung wieder auf einen gemeinsamen Kurs zu bringen. Die Thesen, die am 10. Dezember 1933 einstimmig von der sächsischen Landessynode verabschiedet wurden, legten bis zum Jahre 1936 den theologischen und kirchenpolitischen Kurs der Landeskirche in Sachsen fest. Sie wurden auch von den Landessynoden in Schleswig-Holstein, Braunschweig, Oldenburg und Mecklenburg angenommen. Auch die als »braune Synode« geläufige Generalsynode der größten evangelischen Landeskirche der Altpreußischen Union bekannte sich einmütig zu Grundmanns Thesen. Der Kirchenhistoriker Klaus Scholder beurteilt Grundmanns Thesen als den

> »[…] Versuch, unter Aufnahme von bekenntnisgemäßen Formulierungen die entscheidenden Punkte einer deutschchristli-

chen Kirche – die Anerkennung des Totalitätsanspruchs des nationalsozialistischen Staates und das Bekenntnis zu Blut und Rasse – zu bestätigen und festzuhalten.« (124)

Am 1. April 1934 trat Grundmann als förderndes Mitglied in die SS ein. Im gleichen Jahr veröffentlichte er die Schrift »Totale Kirche im totalen Staat«.

Abb. 5: Walter Grundmann

Abb. 6: Cover »Totale Kirche im totalen Staat«

In Lefflers Handakten aus dem thüringischen Volksbildungsministerium befindet sich die Abschrift eines Briefes einer Zeitzeugin aus dem Jahr 1934, die neben einem Beispiel für Zivilcourage eines katholischen Pfarrers auch die Tätigkeit des »jungen sächsischen Kirchenrates« Grundmann beschreibt:

> »Endlich möchte ich hierdurch noch schriftlich bestätigen, daß ich sehr erstaunt war, daß ein katholischer Geistlicher in meiner Heimat Dresden die Kühnheit hatte, in der kath. Kirche daselbst sich sehr mißfällig über die heutige ›Judenverfolgung‹ zu

äußern. Und das geschah vor über 1000 Menschen, ohne daß jemand eingeschritten hätte. Er verglich das ›Vorgehen gegen die Juden‹ mit der Christenverfolgung vor bald 1900 Jahren. Ein solches Vorgehen gegen die Juden, so meint der kath. Prediger, sei unchristlich. Was unchristlich sei, sei aber auch unpolitisch. Immer noch frage ich mich: warum darf dieser Katholik seine zahlreich versammelte Gemeinde ungestraft durch seine Predigt aufhetzen? Ein evangelischer Pfarrer, der gleiches täte, würde mit Recht sofort suspendiert. Im wohltuenden Gegensatz zu jener katholischen Hetzpredigt stand die Predigt, die ich vorher in der evangelischen Sophienkirche von einem jungen sächsischen Kirchenrat, Herrn Dr. Grundmann, hörte. Wie zeitgemäß, wie männlich und kraftvoll waren diese Worte. Wie stellte der Prediger die Entscheidung für Hitler in gleiche Linie mit der Entscheidung für wahres Christentum. Leider lauschten dieser hervorragenden Predigt nur ungefähr hundert Zuhörer in einer über tausend Menschen fassenden Kirche.« (132 f.)

Auch in der Folgezeit hielt Grundmann Vorträge auf DC-Tagungen und unterstützte die deutsch-christliche Propaganda. So begleitete er beispielsweise den sächsischen Bischof Coch im Juni 1935 auf Massenveranstaltungen der Sächsischen DC in Bayern. Folge dieser Veranstaltungen war, dass die Zeitschrift »Christenkreuz und Hakenkreuz« zum Schulungsblatt für die Bayrischen DC erklärt wurde. Im Herbst 1935 übernahm Grundmann die Landesleitung der »Volksmissionarischen Bewegung Sachsen (Deutsche Christen)« und bereitete deren Anschluss an die Thüringer »Kirchenbewegung DC« vor. In der Zeitschrift »Christenkreuz und Hakenkreuz« nahm die Werbung für die Ideen, Schriften und Aktionen der Thüringer DC zu. In dem Heft »Die Losung. Der weitere Weg der Deutschen

Christen« warb Grundmann 1935 für das Thüringer Modell einer neuen Kirche, die aus den Basisgemeinden der Deutschen Christen entstehen sollte:

> »So steht vor uns die Erneuerung der Kirche. Wir brauchen neue deutsche Christusgemeinden, die Träger erneuerter Christuskirche sind. Wir brauchen eine Bewegung der Kirche, die aus dem Volke, von Gottes Geist geweckt, kommt und sich ins Volk gesendet weiß. Sie wird nicht anders, als daß überall in deutschen Landen Christusgemeinden entstehen, in denen sich von Christus erfaßte Menschen sammeln, die, da sie Nationalsozialisten sind und im Strom des erwachten Volkslebens stehen, Vertrauen bei den Trägern des politischen Wollens und Zugang zu ihnen haben.« (134)

Besonders das Charisma der beiden Leiter der Thüringer DC, Leffler und Leutheuser, beeindruckte Grundmann schon früh, wie er im Rückblick 1938 erklärte:

> »Ich habe selbst im Frühjahr 1936 meinen entscheidenden Beitrag zu dieser Klärung gegeben, indem ich die von mir geleitete, innerlich gesunde sächsische Bewegung mit der in Thüringen aufgebrochenen verband, um zunächst eine mitteldeutsche Einheit zu schaffen. Der Grund, aus dem ich das tat, liegt darin, dass ich die Kameraden Leffler und Leutheuser als Menschen kennen gelernt habe, die ihr Leben ganz zu der Sache des deutschen Christentums gemacht hatten und mit dieser Sache stehen und fallen, als Menschen, die in absoluter Sauberkeit nichts für sich selbst suchten, sondern allein für die Sache, aus der sie Vollmacht haben und die sie richtig sahen, während überall, besonders in Berlin, Unklarheit und Wirrnis vorhan-

> den war. Und sie sahen diese Sache an das Gesetz der Kameradschaft gebunden.« (125)

Ein erster Schritt zur Eingliederung der Sächsischen DC in die Thüringer »Kirchenbewegung DC« erfolgte Mitte April 1936, als diese sich dem »Führerring« anschlossen, in dessen Leitungsgremium Grundmann auch berufen wurde. Im gleichen Monat warb Grundmann in »Christenkreuz und Hakenkreuz« mit dem Aufsatz »Christusgemeinde der Deutschen« für das Modell der Nationalkirche und für neue zeitgemäße gottesdienstliche Formen:

> »Diese Bewegung muß eine feste Kameradschaft, ein Orden von deutschen Menschen sein, denen es um Deutschland geht und die ihr Leben und ihre Kraft immer neu aus Christus schöpfen. Wirklich um einen solchen Orden, der die deutschchristliche Aufgabe der Stunde sieht und sich als solcher Orden weiß, geht es. Aus sich heraus setzt er nun neue Formen des gottesdienstlichen Lebens.« (134 f.)

Am 28. Juni 1936 wurde die Eingliederung in die »Kirchenbewegung DC« unter Aufgabe der eigenen organisatorischen Selbstständigkeit auf der Landesarbeitstagung der Sächsischen DC in Chemnitz vollzogen. Die Thüringer DC hatten damit etwa 30.000 Mitglieder hinzugewonnen. Leffler beauftragte daraufhin Grundmann mit dem Theologischen Ressort im Organisationsplan der »Kirchenbewegung DC« und berief ihn in die Leitung der »Deutschen Pfarrergemeinde«, in der die der »Kirchenbewegung DC« angehörenden Pfarrer organisiert waren. Der Anschluss der Sächsischen DC an die Thüringer war auch eine Reaktion auf die Beschränkungen, welche diese durch den sächsischen Kirchenausschuss hinnehmen mussten. So wurden Grundmanns 28 Thesen am 1. Januar 1936 vom sächsischen Kirchenausschuss außer Kraft gesetzt, nachdem Bischof Coch vom Landeskirchenausschuss entmachtet worden war. Von den auf Initiative des Landeskirchenausschusses erfolgten personellen Umbesetzungen in der sächsischen Landeskirche war auch Grundmann betroffen. In einem Lebenslauf aus dem Jahre 1936 schrieb er dazu:

> »Als der sächsische Landeskirchenausschuss sein Amt antrat, ergaben sich bald in den Fragen des rechten Verhältnisses von Kirche und Volk, Kirche und Staat, Neubesinnung der Theologie unter dem Anspruch des Nationalsozialismus so starke Differenzen, daß eine gemeinsame Arbeit nicht möglich war. Da ich von meiner gewonnenen grundsätzlichen Anschauung nicht abgehen konnte, betrieb der sächsische Landeskirchenausschuss meine Versetzung in ein anderes Amt.« (135)

Der Landeskirchenausschuss in Sachsen schaffte ebenfalls die deutsch-christlichen Arbeitskurse und Vortragsveranstaltungen in der sächsischen Landeskirche ab und auch die Zeitschrift »Christenkreuz und Hakenkreuz« musste fortan nicht mehr obligatorisch von den Pfarrämtern bezogen werden. Die Beschränkungen des Landeskirchenausschusses dürften die Sächsischen DC verstärkt dazu bewogen haben, ihr Monatsblatt »Christenkreuz und Hakenkreuz« ab Frühjahr 1936 im Verlag der Thüringer DC in Weimar erscheinen zu lassen. Ende 1936 wurde das Erscheinen der Zeitschrift zugunsten der Zeitschrift »Deutsche Frömmigkeit« gänzlich eingestellt. Grundmann hatte zu diesem Zeitpunkt, im Wintersemester 1936/37, bereits einen Lehrauftrag für »Neues Testament und Völkische

Theologie« an der Theologischen Fakultät in Jena erhalten. Sein vorbehaltloses Bekenntnis zur nationalkirchlichen Idee der Thüringer DC dürfte den Beginn seiner wissenschaftlichen Karriere sehr begünstigt haben.

Grundmanns Berufung in das Theologische Ressort der Kirchenbewegung DC 1936 verdeutlicht, dass es seine Aufgabe war, das Erscheinungsbild der als wissenschaftsfeindlich geltenden Thüringer DC theologisch zu fundieren. Seine akademische Ausbildung und die Nähe seiner Positionen zu denen der Thüringer DC prädestinierten ihn für diese Aufgabe. Der rote Faden in Grundmanns kirchenpolitisch orientierten Arbeiten dieser Periode ist die Vorstellung, dass das »Deutsche Christentum« und der Nationalsozialismus in eine für beide wesensmäßig notwendige Verbindung treten müssten. Den Begriffen der »Volksgemeinschaft« oder »Volkwerdung« kommt dabei in Grundmanns Schriften eine zentrale Bedeutung zu. Am 20. Oktober 1936 äußerte er in seiner Funktion als Gaugemeindeleiter in einem Vortrag auf der Mitgliederversammlung der sächsischen Gaugemeinde der »Kirchenbewegung DC« dazu:

> »Es ist, meine lieben Kameraden, eine unbestreitbare Tatsache, dass der Führer in das deutsche Volk hineingelegt hat einen Gedanken, der unausrottbar geworden ist, der uns zu einem heiligen Auftrag in der Geschichte unseres deutschen Volkes geworden ist, der Gedanke der Einheit des deutschen Menschen. Wir wissen, so lange unser Volk einig ist, so lange können wir nicht getroffen werden, so lange sehen wir in die Zukunft und haben das Leben. Im Grund will unsere Bewegung nichts anderes, als aus religiösem Prinzip diesen grossen Gedanken in der deutschen Volksgemeinschaft zu verwirklichen. Die Konsequen-

> zen, die darin bestehen, dass das deutsche Volk einmal eine Heimstatt, eine Friedensstelle hat, in der es als ein Volk den einen Gott anbetet.« (137)

Die »Wirklichkeit des menschlichen Lebens«, so Grundmanns anthropologisches Axiom, sei nicht das »Einzelsein«, sondern das »Zusammensein«, das sich »in Hörigkeit vollziehende Leben«. Durch die »Zwiespältigkeit des menschlichen Wesens« verfalle der Mensch aber immer wieder in eine »Ich-Sucht«, indem er nach eigener Macht und eigenem Genuss strebe. Bezug nehmend auf den zweiten Schöpfungsbericht sieht er das eigentliche »Böse«, die »Erbsünde der ganzen Menschheit«, darin begründet, »daß er sich von Gott isoliert, daß er sein Leben nicht als Leben vor Gott, sondern als Leben von sich selbst aus lebt«. Aus dieser Perspektive ergibt sich für Grundmann das Ideal eines »völkischen Menschen«, das durch die Einflüsse des Liberalismus bedroht sei. Der Liberalismus habe seine letzte Konsequenz im Materialismus, Individualismus, im Glauben an die menschliche Vernunft und im Fortschrittsglauben. Spätestens der Erste Weltkrieg habe das Ende des Fortschrittsglaubens offenbart. Der Individualismus, der die Freiheit des Menschen als »Selbstmächtigkeit und Selbstbestimmung« missverstehe und der in seinem Glauben an die menschliche Vernunft meine, sich dem Anspruch Gottes entziehen zu können, habe seine Auswirkungen in der Zerstörung »jeglicher Autorität und aller Gemeinschaft«. Er leugne die von Gott gegebenen »Unterschiede von Nation und Volk und Rasse und Stamm und Stand und Geschlecht.« (137)

Mit diesem schöpfungstheologischen Ansatz verbindet Grundmann seine politische Ideologie. Er betont, dass der Liberalismus Ausdruck sowohl in den Menschenbildern des

»Amerikanismus«, der einen gefühls-, willens- und bindungslosen Menschentyp erzeuge, als auch im »kollektiven Massenmenschen« des Bolschewismus finde. Antisemitische Vorstellungen werden mit diesen Ideen verknüpft, indem er behauptet, dass die Träger und Nutznießer dieser Individualisierung die Juden seien, die mit Hilfe des atheistischen Bolschewismus ihre Weltherrschaft hätten herbeiführen wollen:

> »Das Judentum ist nicht zuerst eine andere Religion, sondern eine fremde Rasse, die sich eindrängt, die Rassenchaos will, um selbst die Herrschaft ausüben zu können.« (138)

Die Folge der Individualisierung sei die Auflösung der Gemeinschaft und Krisen in der Familie, in der Wirtschaft, im Zusammenleben der Völker sowie in der Theologie: »Der Gedanke des Volkes, des Opfers, des Dienstes, der Verantwortung, der Gemeinschaft« werden »damit an der Wurzel zerstört«. Eine Überwindung der Krise könne nur durch die Religion erfolgen, da nur sie dem Dienstwillen für den anderen und der Bereitschaft zum Opfer einen nicht zeitlich begrenzten Sinn, einen Sinn des Lebens, geben könne:

> »Im Leben für das Du erhält auch die Lebenshingabe ihren Sinn. Aber dieser Sinn ist bedroht durch die Vergänglichkeit des Du und durch die Tatsache, daß das Du, das ich brauche, um den Sinn meines Lebens zu erfüllen, seinen Sinn nicht in sich selber trägt, sondern wiederum ein Du braucht. Das Mitsein mit dem Du ist eine notwendige Voraussetzung menschlichen Seins. Von hier aus wird Gott verstanden als das ewige all gegenwärtige Du, das uns jedes menschliche Du entgegenstellt und in ihm entgegentritt, von dem unser Ich und zu dem unser

> Ich ist. Gott ist das ewige Urdu, für das zu leben der Sinn unseres Lebens ist.« (139)

Ausgangspunkt für die Überwindung der Krise sei die »nationalsozialistische Revolution«, durch die »ein neues Menschenbild [...] maßgebend für die Lebensordnung« des deutschen Menschen geworden sei, nämlich die anthropologische Erkenntnis, dass der Mensch kein Einzelwesen, sondern bestimmt durch seine Rasse »ein Gliedwesen« seines Volkes sei:

> »Völkisch-politische Anthropologie sieht den Menschen als organisch-gliedhafte Einheit, organische Einheit nach Leib und Seele, bestimmt durch seine Rasse; gliedhaft als eingeordnet in die übergreifende Einheit des Volkes und damit bestimmt durch Geschichte und Schicksal, aufgerufen zum dienenden Handeln in der übergreifenden Einheit, und damit gefordert von Gott.« (139)

Diese Forderung Gottes ergebe sich aus der Erkenntnis, dass der »in der völkischen Lebensganzheit gliedhaft gebundene Mensch« in eine von Gott geschaffene, rassisch bestimmte Lebensganzheit Volk gestellt worden sei. Das Volkstum ist demnach für Grundmann gottgegebenes Gesetz, das durch die Schöpfung vorgegeben ist. Sündig sei folglich der Mensch, »der sich dem schaffenden Gott entzieht, also gerade nicht gliedhaft, nicht politisch, sondern ein Eigener sein will, für sich, der sich also dem Du entzieht.« Sinn und Aufgabe des Staates charakterisiert Grundmann auf der Grundlage der »Zwei-Regimenten-Lehre« Luthers: Der Staat solle die schöpfungsgemäße, göttliche Ordnung wiederherstellen und gegen das »zerstörerische Böse« vorgehen. Dazu sei der nationalsozialistische Staat besonders geeignet, da er den Menschen zu seinen ursprünglichen schöpfungsgemäßen Bindungen von »Volk und Rasse« zurückführe:

> »Das nationalsozialistische Volkserleben greift immer weiter und formt einen neuen Menschen, der in der Hingabe an das Volk und im Erleben von Volkstum und Rasse Sinn und Inhalt seines Lebens findet.« (139 f.)

Der »nationalsozialistischen Volkwerdung« spricht Grundmann sogar Offenbarungsqualität zu, indem er sie als Gnadenwunder Gottes am deutschen Volk beschreibt, das bisher aufgrund seiner Sünden gegen »Volkstum und Rasse« unter dem »Gericht Gottes« gestanden habe. »Diese Volkwerdung bedeutet für uns als Nationalsozialisten die Erfüllung eines göttlichen Schöpferwortes: Es werde Volk und es ward Volk.« Der Totalitätsanspruch des Nationalsozialismus wird somit für Grundmann zum Ausdruck des göttlichen Willens am deutschen Volke zur Wiederherstellung der gottgegebenen Ordnung. Aber auch für den Nationalsozialismus sei das Verhältnis zum Glauben von entscheidender Bedeutung. Da Gott der »Herr der Geschichte« sei, hänge die »Erfüllung der geschichtlichen Aufgabe« des Nationalsozialismus von seiner Stellung zu Gott ab:

> »An der Stellung zu Gott, am Ja oder Nein zur letzten Wirklichkeit alles geschichtlichen Lebens, am Ja oder Nein zu Gott, entscheidet sich Aufstieg und Untergang eines Volkes.«

Die Grundlage für ein »deutsches Christentum« sei, so Grundmann, bereits durch die Reformation, die nicht nur eine konfessionelle, sondern auch eine völkische Erneuerung gebracht habe, geschaffen worden:

> »Im deutschen Christentum Luthers ist ganz ernst gemacht mit dem über uns stehenden wirklichen Gott, der sich uns in Jesus Christus offenbart und mit uns handelt. Im deutschen Christentum aber ist auch ganz ernst gemacht mit Volkstum und Rasse als Gaben und Ordnungen Gottes in ihrer Lebensbedeutung für uns als deutsche Menschen.« (140)

Wolle die Kirche wahre »Volkskirche« sein, so müsse sie am Prozess der »Volkwerdung« teilhaben, volksmissionarische Arbeit betreiben und zum »Gewissen des völkischen Aufbruches« werden. Die wahre Volkskirche sieht Grundmann 1936 in der von den Thüringer DC angestrebten Nationalkirche verwirklicht:

> »Und so beginnen wir ganz still Menschen zu sammeln, zu rufen, ganz gleich, wo sie kirchlich stehen und gebunden sind, ihnen zu sagen, dass Deutschland unsere Aufgabe ist und dass Christus die stille Gotteskraft ist, die uns in das Leben hineingegeben ist. Wir bilden zusammen die Christusgemeinde der Deutschen. Ich rufe Sie alle, meine Kameraden, ich rufe Sie, meine verehrten Gäste dazu auf, mit Hand anzulegen am Bau einer Heimstatt der deutschen Nation, an dieser einen deutschen Kirche - denn das ist sicher der Weg zur DC-Nationalkirche.« (140f.)

Wenn die Kirche am »völkischen Geschehen« ihrer Zeit teilhaben wolle, so gibt es laut Grundmann nur eine Antwort der Kirche »auf das Bemühen des totalen Staates um eine Volksreligion«: »Totale Kirche im totalen Staat«. Dies bedeute, »daß innerhalb der Totalität des Staates die Totalität der Kirche zur Wirkung« komme, was ein Verhältnis des völligen Vertrauens zwischen Staat und Kirche voraussetze. Während die Kirche den Staat als göttliche Ordnung anerkenne, greife der Staat nicht in die Aufgabe der Kirche ein, das Wort Gottes zu verkünden. Die Kirche erkenne die Schöpfungsgegebenheiten von »Volk und Rasse« an und bekenne sich zu »Blut und Rasse als Schöpfungsgaben Gottes«. Deshalb könne, um das Vertrauensverhältnis zwischen Staat und Kirche nicht zu stören, nur Kirchenführer sein, wer auch Nationalsozialist sei. Die Konsequenz ist auch die als notwendig erachtete Einführung des »Arierparagraphen« und der nationalsozialistischen Rassegesetze in der Kirche:

> »Die Volkskirche bekennt sich zu Blut und Rasse, weil das Volk eine Bluts- und Wesensgemeinschaft ist. Mitglied der Volkskirche kann deshalb nur sein, wer nach dem Rechte des Staates Volksgenosse ist. Amtsträger der Volkskirche kann nur sein, wer nach dem Rechte des Staates Beamter sein kann (sog. Arierparagraph).«
> »Weil die deutsche Volkskirche die Rasse als Schöpfung Gottes achtet, erkennt sie die Forderung, die Rasse rein und gesund zu halten, als Gottes Gebot. Sie empfindet die Ehe zwischen Angehörigen verschiedener Rassen als Verstoß gegen Gottes Willen.« (141)

Im Sinne der oben ausgeführten schöpfungstheologischen Aussagen ergibt sich für Grundmann die Forderung nach einer »rassegemäßen« Religion durch Übernahme des nationalsozialistischen Rassebegriffes:

> »Es ist ganz klar und durch die moderne Rasseforschung zur Genüge erhellt, daß alle Religion rassisch bedingt ist. Wie alle Kultur und Kunst und Wissenschaft in ihrer Verschiedenheit auf ihre rassische Verschiedenheit zurückgeht, so ist es auch in

der Religion. So viele Völker und Rassen es gibt, so viele Religionen gibt es. Jedes Volk hat seine arteigene, rassegemäße Religion.« (141)

Durch den Gotteswillen sehe sich die Kirche damit in ein Volk und in eine Rasse gestellt, was auch Auswirkungen auf ihre Verkündigung haben müsse. Die Kirche dürfe in ihrem Reden nicht artfremd erscheinen, indem sie eine Sprache spreche, die das Volk nicht verstehe:

»Als Kirche Jesu Christi hat sie vornehmlich die Aufgabe, dem deutschen Menschen, der von Gott als Deutscher geschaffen ist, das Evangelium von Jesus Christus zu verkünden. [...] Das bedeutet für den, der in dieser Zeit Gottes Wort zu verkünden hat, daß er den Deutschen des nationalsozialistischen Deutschland wirklich als ein nationalsozialistischer Deutscher entgegentritt, denn deutsch sein und Nationalsozialist sein ist dasselbe.« (142)

Daraus ergibt sich für Grundmann die Forderung nach neuen Formen des Gottesdienstes, der Anbetung und der Verkündigung, die dem deutschen Volkstum und dem Rassegedanken entsprechen. Die Grundlagen der Kirche seien Bibel und Bekenntnis, da die Bibel die Christusbotschaft enthalte und das Bekenntnis die Botschaft bezeuge. Grundmann unterscheidet dabei zwischen drei Größen: dem Evangelium, der Schrift und dem Bekenntnis, wobei Bekenntnis und Schrift vom Evangelium unterschieden werden müssten, da ihnen im Hinblick auf das Evangelium bestimmte Funktionen zufallen würden. Während das Evangelium als »Lebenskraft und Lebenswirklichkeit« maßgebend sei und sich auch in geschichtlichen Ereignissen offenbaren könne, sei der Mensch gegenüber der Schrift und dem Bekenntnis frei, allein verantwortlich »dem in der Geschichte und im Leben wirkenden Gott«. Deutlich wird hier eine Ablösung der Bekenntnisbindung an Schrift und Bekenntnis zugunsten einer Christusbindung. Die »Bekenntnisse und die auf ihr beruhende Lehre« sind für Grundmann »zeitgebunden und erkenntnisbedingt«, bedürfen also einer Anpassung an die Zeit, damit sie für die Menschen noch verständlich bleiben. Das gleiche gilt für die Schrift, innerhalb derer unterschieden werden müsse zwischen der Bezeugung im Neuen und im Alten Testament. Die Norm für die Verkündigung der christlichen Kirche sei das Neue Testament, da in ihm Jesus Christus offenbart sei. Aufgabe der Kirche sei es, die Botschaft des Neuen Testaments so zu übersetzen, dass sie auch heute verständlich sei. Auch von Paulus dürfe die christliche Verkündigung nicht abrücken, da er das Judentum durch den Glauben an Christus innerlich überwunden habe:

> »Paulus erscheint sowohl in seinen Briefen wie in der Apostelgeschichte als der schärfste Bekämpfer der Verjudungstendenzen im Christentum.«

Gegenüber dem Neuen Testament habe aber das Alte Testament nicht den gleichen Rang:

> »Das Alte Testament hat nicht den gleichen Wert. Die spezifisch jüdische Volkssittlichkeit und Volksreligion ist überwunden. Wichtig bleibt das Alte Testament, weil es die Geschichte und den Verfall eines Volkes überliefert, das trotz Gottes Offenbarung sich immer wieder von ihm trennte. Die gottgebundenen Propheten zeigen an diesem Volke: Die Stellung einer Nation zu Gott ist entscheidend für ihr Schicksal in der Geschichte.«

»Wir erkennen also im Alten Testament den Abfall der Juden von Gott und darin ihre Sünde. Diese Sünde wird vor aller Welt offenbar in der Kreuzigung Jesu. Von da her lastet der Fluch Gottes auf diesem Volke bis zum heutigen Tage. Wir erkennen aber gleichzeitig im Alten Testament die ersten Strahlen der Gottesliebe, die sich in Jesus Christus endgültig offenbart. Um dieser Erkenntnis willen kann die Volkskirche das Alte Testament nicht aufgeben.« (143 f.)

Die Bedeutung des Alten Testaments sieht Grundmann in dessen Vorbereitung auf das Christusgeschehen. Grundmann unterscheidet zwei Linien im Alten Testament: Einerseits die Propheten, die den wahren Gottesglauben zwar verkündet und damit die ersten »Strahlen der Gottesliebe« offenbart hätten, die dann aber durch das christologische Wunder im Neuen Testament vollendet worden seien; andererseits das jüdische Volk, das sich von Gott abgewandt habe und somit als Negativfolie für ein verfehltes Verhältnis zwischen Volk und Gott dienen könne. Diese Linie habe in den Pharisäern ihre Vollendung gefunden, die von Jesus als Heuchler bezeichnet worden seien. Seit dem Gottesmord laste ein Fluch Gottes auf dem jüdischen Volk, der sich sowohl im Verlust des Staates als auch im Fluch der Völker über die Juden äußere. Die Erwählung Israels ist, und hier knüpft Grundmann an der Idee der antijudaistischen »Substitutionstheorie« an, auf die christliche Kirche übergegangen, mit der Gott einen neuen Bund geschlossen habe. Bezugnehmend auf die Geschichte Israels und den Christusmord, dem eine göttliche Verwerfung der Juden und als sichtbares Zeichen dieses Bruches die jüdische Diaspora gefolgt sei, formuliert er:

»Das Judentum in seiner heutigen Gestalt lebt das Gottesgericht vor, gezeichnet vom Fluche Gottes. Die Judenfrage ist im letzten Grunde nicht allein eine Rassenfrage, sondern eine religiöse Frage.« (144)

Grundmann liefert also mit theologischen Argumenten, die sich auf eine lange antijudaistisch-christliche Tradition seit der frühen Kirchengeschichte berufen konnten, die christliche Legitimation für den Rassenantisemitismus des »Dritten Reiches«. Der Differenzierung des Alten Testamentes in einen brauchbaren und unbrauchbaren Teil folgte später eine Aufteilung des Neuen Testaments in annehmbare und zu verwerfende Teile. Die Aufgabe der theologischen Wissenschaft sah Grundmann darin, diese Unterscheidung auf der Grundlage der durch den Nationalsozialismus vorgegebenen Prämissen vorzunehmen:

»So ist gerade in dem schweren Zwischenstand zwischen vergangener Gestalt lehrhafter Erkenntnis und neuwerdender Gestalt aus vorwärtsdrängendem Leben heraus ein Zusammenbleiben und ein ernstes, nun auch theologisches Arbeiten möglich; beides, weil aus Ehrfurcht vor dem im Leben handelnden Gott, zum Heil des Volkes.« (144 f.)

An der Verbindung des religiösen Interesses mit dem patriotischen unter Betonung der Nützlichkeit der Theologie für die Gesellschaft und deren Funktionalisierung für den Nationalsozialismus wird deutlich, wie stark die Theologie Grundmanns in der liberalen Theologie des 19. Jahrhunderts fußt. Mit dem wissenschaftlichen Instrumentarium eines Neutestamentlers ging Grundmann in der Folgezeit daran, eine zeitgemäße Theologie und Frömmigkeit sowie eine entsprechende Anpassung der Heiligen Schrift an den Zeitgeist voranzutreiben, die den Ansprüchen der von den Thüringer DC angestrebten Synthese von Nationalsozialismus und Christentum gerecht werden sollte. Es spricht für Grundmanns theologisches Geschick, aber auch für seine Linientreue, dass er sich schon sehr bald nach seinem Eintritt in die »Kirchenbewegung DC« im Jahr 1936 zum tonangebenden Theologen der Thüringer DC hocharbeitete, der in der Theologischen Fakultät Jena und darüber hinaus auch an anderen Theologischen Fakultäten zum Teil erhebliches Renommee genoss.

2.4 *»Die Friedrich-Schiller-Universität hat […] eine eindeutig nationalsozialistische Aufbauarbeit zu treiben«* – Die Theologische Fakultät in Jena

Als Anfang 1935 im Reichsministerium für Wissenschaft, Erziehung und Volksbildung über die Frage der theologischen Fakultäten im Reich und die Aufstellung einer Liste mit Vorzugsfakultäten beraten wurde, äußerte sich Leffler über die Theologische Fakultät in Jena wie folgt:

> »Es gibt wohl kaum eine theologische Fakultät im ganzen Reich, die die Theologiestudenten so zielbewußt für den nationalsozialistischen Staat erzieht, wie die in Jena. Die Fakultät ist in sich geschlossen wie kaum eine andere theologische Fakultät. Es besteht zwischen Fakultät, Staat und Kirche des Thüringer Landes das beste harmonische Verhältnis, sodaß die Gewähr gegeben ist, durch diese Fakultät in den Studenten eine im nationalsozialistischen Sinne gesunde und richtige Auffassung von Staat und Kirche zu wecken.« (246 f.)

Die Entwicklung hin zu der von Leffler beschriebenen nationalsozialistisch durchdrungenen Theologischen Fakultät Jena setzte 1933 ein und war durch seine Person wesentlich mitbestimmt worden. Vom Volksbildungsministerium in Weimar aus machte er in seiner Funktion als Verbindungsmann zwischen Landeskirchenregierung und Gauleitung seinen Einfluss auf die Lehrstuhlbesetzung in Jena geltend.

1933 setzte sich die Theologische Fakultät in Jena, die seit Mitte des 19. Jahrhunderts in dem Ruf stand, liberale protestantische Forschung zu fördern, schon längst nicht mehr gemäß ihrer Tradition zusammen. Dem liberalen Flügel zuzurechnen waren zu diesem Zeitpunkt lediglich noch die Professoren Heinrich Weinel (Systematische Theologie) und Karl Heussi (Kirchengeschichte). Daneben lehrten Waldemar Macholz als praktischer Theologe, der der dialektischen Theologie nahestand, und bis 1934 Willy Staerk im Fach Altes Testament, der sich vom Liberalismus herkommend dem Pietismus zugewandt hatte, sowie der zu den Thüringer DC zählende Neutestamentler Erich Fascher.

Fascher war es auch, der bei der bereits am 24. Februar 1933 gegründeten Hochschulgemeinde der Deutschen Christen in Jena die Eröffnungsrede hielt und sie fortan auch leitete. Im August 1933 fand in Berlin ein überregionales Treffen von DC-Hochschulgruppen statt, zu dem bis auf die süddeutschen Universitäten alle Hochschulgruppen an den theologischen Fakultäten Vertreter entsandten. Während die meisten Gruppen ein bis fünf Delegierte geschickt hatten, waren aus Jena ca. 40 Studenten angereist. Bedenkt man, dass im Sommersemester 1933 an der Theologischen Fakultät in Jena 181 Studierende eingeschrieben waren, überrascht die hohe Teilnehmerzahl aus Jena. Der Anteil der Theologiestudierenden, die mit den Deutschen Christen sympathisierten, übertraf offenbar zu diesem Zeitpunkt noch den der deutsch-christlich gesinnten Theologieprofessoren.

Das sollte sich aber schon sehr bald ändern. Auf Betreiben von Oberregierungsrat Leffler im Thüringischen Volksbildungsministerium musste Waldemar Macholz, der sich nach Lefflers Pfarramtswechsel von Bayern nach Thüringen noch gegen dessen Aufnahme in die Thüringer evangelische Kirche ausgesprochen hatte, seinen Lehrstuhl für Praktische Theologie räumen und einen Lehrauftrag für »Konfessionskunde und verwandte Fächer« annehmen. Diesen Lehrauftrag führte Macholz bis zum Mai 1938 durch und reichte dann einen Antrag auf vorzeitige Versetzung in den Ruhestand ein. Seinen Lehrstuhl nahm ab November 1933 der Leiter der Fränkischen DC Wolf Meyer-Erlach ein, den Leffler noch aus seiner Zeit in Bayern gut kannte. Wie aus einem Schreiben vom 13. Oktober 1933 des zu diesem Zeitpunkt noch amtierenden Dekans Macholz an das Volksbildungsministerium in Weimar hervorgeht, ging die Ernennung von Meyer-Erlach vom Ministerium aus, das zukünftig die »Professur für praktische Theologie in einem ganz neuen Sinne auffasst und sie dementsprechend mit Herrn Pfarrer Meyer-Erlach besetzen will.« (250) Dem Schreiben ist ebenfalls zu entnehmen, dass Meyer-Erlach weder bis dahin wissenschaftliche Arbeiten vorgelegt noch einen akademischen Grad erworben hatte. Die Vorzüge des ehemaligen Rundfunkpredigers, die ihn für das Ministerium als praktischen Theologen geeignet erscheinen ließen, lagen in einem anderen Bereich:

> »Nach dem uns eingesandten Lebenslauf und den Veröffentlichungen des Herrn Meyer-Erlach erblicken wir in ihm einen

Pfarrer von nicht gewöhnlicher Tatkraft und Hingabe an sein Amt, einen Prediger, der homiletisches Geschick mit der Leidenschaft des Bekenners verbindet, einen Erbauungsschriftsteller von Gewandtheit und rednerischem Schwung, der ›den Enthusiasmus‹, den ›die Geschichte erregt‹, für den kirchlichen Dienst am Volk fruchtbar zu machen versteht.« (250)

Abb. 7: Wolf Meyer-Erlach

Dass für Meyer-Erlach in der Ausübung seiner Lehre vor allem die »Zeichen der Zeit« im Mittelpunkt standen, sollte sich nicht nur an seiner Antrittsvorlesung über »Das neue Deutschland und die christliche Verkündigung« zeigen, sondern auch an seinen »wissenschaftlichen Arbeiten«, die zumeist in einem engen Zusammenhang mit dem nationalsozialistischen Geschehen seiner Zeit standen. Seine Aufgabe als praktischer Theologe sah er darin, den »Pfarrer im dritten Reich« zu einem »Bannerträger im nationalen Kampf«, zu einem »Nationalsozialist[en] bis ins Mark« auszubilden. (251)

Meyer-Erlach betrieb zusammen mit Leffler den Umbau der Jenaer Theologischen Fakultät zu einer »Hochburg des Nationalsozialismus«. Im Gegensatz zu den anderen theologischen Fakultäten in Deutschland, die bisher »den Weg zu einer inneren Beziehung zum Nationalsozialismus« nicht gefunden hätten, werde in Jena, so Meyer-Erlach, »ganz bewußt« der Nationalsozialismus bejaht. Dieser Sachverhalt sollte künftig auch Auswirkungen auf die weitere Lehrstuhlbesetzung und die Vergabe von Lehraufträgen haben. 1934 waren neben Fascher und Meyer-Erlach auch die beiden Privatdozenten Friedrich Weinrich (Religionsgeschichte) und der Vizepräsident des Thüringer Landeskirchentages Erwin Langner, der einen Lehrauftrag für Praktische Theologie erhielt, Mitglieder der Thüringer DC. Bei der Besetzung des Lehrstuhls für Altes Testament durch Gerhard von Rad im Jahr 1934, der der Bekennenden Kirche nahestand, unterlagen Meyer-Erlach und Leffler offenbar einer Fehleinschätzung. Der Einfluss der beiden führenden Thüringer DC wurde dann aber vor allem in den Jahren 1937 und 1938 deutlich, als es darum ging, die Lehrstühle für Neues Testament und Systematische Theologie neu zu besetzen.

Die Notwendigkeit der Neubesetzung des Lehrstuhls für Neues Testament in Jena ergab sich im Jahre 1936, als Fascher nach Auseinandersetzungen mit Leutheuser, Sasse und Meyer-Erlach von seinem Lehrstuhl in Jena verdrängt und daraufhin vom Reichserziehungsministerium nach Halle versetzt wurde. Zeitgleich mit der Beurlaubung Faschers erhielt Grundmann an der Theologischen Fakultät Jena einen Lehrauftrag für »Völkische Theologie« und übernahm auch gleich Faschers Vorsitz in der DC-Hochschulgemeinde. An Grundmanns Berufung war wiederum Leffler wesentlich beteiligt, denn er warb im Reichserziehungsministerium beim Referenten für theologische Fakultäten für die Ernennung von Grundmann zum Professor. Auf Antrag vom 22. September 1936 wurde Grundmanns Lehrauftrag zusätzlich auf das Fach Neues Testament ausgedehnt, da durch die Beurlaubung Faschers dort Vertretungsbedarf bestand. Als im Oktober 1937 der Lehrstuhl für Neues Testament neu besetzt werden sollte, sprach sich Meyer-Erlach, der von April 1935 bis Oktober 1937 sogar das Amt des Rektors der Friedrich-Schiller-Universität ausübte, in einem Brief an den Thüringischen Volksbildungsminister mit folgender Begründung eindeutig für Grundmann aus:

> »Dr. Grundmann ist alter Parteigenosse. Schon im Jahr 1930 trat er in Tübingen der Partei bei. Er hat sich als Pg. [Parteigenosse] in der Kampfzeit bewährt. Vor allem aber hat er dem Führer und der nationalsozialistischen Bewegung als Mitglied des sächsischen Landeskirchenrats die Treue in der schwersten kirchenpolitischen Kampfzeit gehalten. [...] Dr. Grundmann hat sich aber nicht nur auf kirchenpolitischem Gebiete als treuer Nationalsozialist bewährt, er hat auch auf dem sehr schweren Gebiet der Theologie schon sehr frühzeitig, lange vor der Machtübernahme, sich für den Nationalsozialismus eingesetzt. In seinen ersten Veröffentlichungen hat er so stark für den Nationalsozialismus Stellung genommen, dass der vom Führer mit der Überwachung der nationalsozialistischen Welt-

> anschauung betraute Reichsleiter Rosenberg sich über die Schrift von Dr. Grundmann ›Gott und Nation‹ in seinem letzten Buch ›Protestantische Rompilger‹ durchaus positiv aussprach. Dr. Grundmann ist einer der wenigen Theologen, die ganz bewusst den Nationalsozialismus zur Grundlage ihrer Wissenschaft nehmen. Die Friedrich-Schiller-Universität hat als die Thüringische Landeshochschule eine eindeutig nationalsozialistische Aufbauarbeit zu treiben. Alle Fakultäten haben nur unter dem Gesichtspunkt der Partei sich aufzubauen. Dr. Grundmann erfüllt diese Forderung sowohl politisch als auch wissenschaftlich in vollem Masse [sic!]. Er ist einer der Hauptträger einer bedingungslos dem Führer und seiner Sache ergebenen Bewegung in der Kirche.« (256)

In einem beigefügten Gutachten führte Meyer-Erlach ferner aus, dass von Grundmanns wissenschaftlichen Arbeiten und seiner »neuen Fragestellung, die das Verhältnis von Judentum und Christentum klärt«, »viel zu erwarten« sei:

> »Die geplanten und vorbereiteten wissenschaftlichen Veröffentlichungen werden bahnbrechend sein für eine nationalsozialistische Haltung auf dem Gebiete der Theologie.«

Meyer-Erlachs Urteil über Grundmann, das durch ein positives Votum des thüringischen Landesbischofs Sasse noch Rückendeckung bekam, zeigte Wirkung, denn am 21. Mai 1938 erhielt Grundmann tatsächlich per Entscheid des Reichs- und Preußischen Ministers für Erziehung und Volksbildung den Lehrstuhl für Neues Testament in Jena zugesprochen. Am 5. Oktober 1938 wurde Grundmann ohne vorherige Habilitation zum ordentlichen Professor auf Lebenszeit ernannt. Am 11. Februar

1939 hielt er seine Antrittsvorlesung über »Die Frage der ältesten Gestalt und des ursprünglichen Sinnes der Bergrede Jesu«. Grundmann sollte »zwischen 1936 und 1945 zur dominierenden Gestalt der Jenaer Fakultät« werden. (257 f.)

Ebenfalls 1936 musste neben dem neutestamentlichen Lehrstuhl auch durch den Tod von Professor Weinel der Lehrstuhl für Systematische Theologie neu besetzt werden. Zunächst vertretungsweise für das Wintersemester 1936/37 erhielt der bis dahin in Leipzig als Privatdozent tätige Heinz-Erich Eisenhuth am 27. Oktober 1936 den Lehrauftrag in Jena vom Reichserziehungsministerium zugesprochen. Mit Wirkung vom 1. Oktober 1937 wurde Eisenhuth dann auch zum Ordinarius für Systematische Theologie in Jena berufen und zum ordentlichen Professor ernannt. Wiederum war es Meyer-Erlach, der sich für den als politisch zuverlässig geltenden Eisenhuth, der ebenfalls Mitglied bei den Thüringer DC war, eingesetzt hatte und letztlich den Ausschlag für dessen Berufung gab. In einem Schreiben an den thüringischen Volksbildungsminister hatte Meyer-Erlach unter anderem folgendes Argument für Eisenhuth geltend gemacht:

> »Vor allem aber bestimmt mich für Eisenhuth einzutreten die Tatsache, dass er unbedingt zuverlässiger Parteigenosse ist, der aus innerster Überzeugung treu zum Führer und zur Bewegung steht und mit grossem Ernst daran arbeitet, die entscheidenden Erkenntnisse des Nationalsozialismus in seiner Disziplin zur Geltung zu bringen.« (258)

Abb. 8: Heinz-Erich Eisenhuth

Eisenhuth blieb bis zu seinem freiwilligen Fronteinsatz 1943 Professor in Jena und hatte nach der Einberufung Grundmanns zum Wehrdienst 1943 noch für wenige Monate das Amt des wissenschaftlichen Leiters des Eisenacher »Entjudungsinstituts« inne. Am 25. April 1938 beriet der Evangelische Fakultätentag über eine Reform des Theologiestudiums. Eisenhuth stellte dort eine Denkschrift vor, die von der Abteilung »Theologie und Hochschule« der Thüringer DC verfasst worden war. Darin wurde eine »stärkere Umgestaltung des Theologiestudiums im Blick auf die Zeitverhältnisse« (261) eingefordert. Unter seinem Dekanat kam es ein Jahr später, am 1. April 1939, an der Theologischen Fakultät in Jena zu einer Neuerung, die eine Sonderregelung gegenüber allen anderen theologischen Fakultäten darstellte und die Vorreiterrolle der Jenaer Fakultät im Hinblick auf die geplante Studienreform unterstreichen sollte:

»1.) Die Kenntnis der hebräischen Sprache ist fakultativ. Das Hebraicum wird bei der Immatrikulation und bei der Meldung der ersten Prüfung nicht mehr verlangt.
2.) Das Fach der Religionsgeschichte ist für die mündliche Prüfung pflichtmäßiges Prüfungsfach. Bei der Meldung zur Prüfung ist nachzuweisen, daß die Hauptvorlesungen in der Religionsgeschichte gehört worden sind.
3.) Für die laufende Prüfung des Wintersemesters 1938/39 tritt folgende Übergangsbestimmung in Kraft: für die schriftliche Prüfung ist das Fach der Religionsgeschichte fakultativ und ersetzt dann eine Prüfung im Hebräischen. Die Kandidaten müssen vor Beginn der mündlichen Prüfung schriftlich dem Dekan mitteilen, ob sie in der Religionsgeschichte oder in der hebräischen Sprache geprüft werden wollen.« (262)

Die Höherbewertung des Faches Religionsgeschichte bei gleichzeitiger Abwertung der Sprachvoraussetzung Hebräisch stand in engem Zusammenhang zu den von Eisenhuth vorgetragenen Gedanken im April 1938. In der Denkschrift war unterstrichen worden, dass die geplante Reform auszugehen habe

»[...] von der Tatsache, daß wir deutschen Menschen, des Gesetzes und der Art einsichtig geworden, auf allen Gebieten des Lebens und Wissens die Besinnung auf unsere Art und unser inneres Gesetz vollziehen. [...] Im Mittelpunkt ihrer Arbeit [der theologischen Fakultäten] steht also Wesen und Erscheinungsform deutscher Frömmigkeit, deren Wurzel in der germanischen religiösen deutschen Frömmigkeit und deren Entfaltung in der Begegnung mit dem Evangelium sich vollzieht. Von diesem Mittelpunkt aus hat sie zu überschauen, was in der Welt der Religionen begegnend, anziehend und abstoßend, lebendig ist.« (262)

Dass sich die deutsch-christlich orientierten Hochschulprofessoren trotz eines Gegengutachtens von Heussi und von Rad mit der Abschaffung der Sprachvoraussetzung Hebräisch durchsetzen konnten, verdeutlicht, wie stark die Ausrichtung der Theologischen Fakultät Jena 1938 bereits durch die Ideologie der Thüringer DC bestimmt wurde. Die DC-Professorenschaft, die innerhalb der Fakultät eine Mehrheitsfraktion bildete, unterwarf nicht nur die von ihr betriebene Wissenschaft und Lehre den ideologischen Voraussetzungen des Nationalsozialismus, sondern sie half auch die Kirchenpolitik der Thüringer DC zu unterstützen. Der Dekan der Theologischen Fakultät konnte daher in einem Schreiben an den Reichsstatthalter Sauckel vom 7. März 1939 stolz vermelden:

»Die Theologische Fakultät Jena besteht nicht nur in ihrem Lehrkörper, sondern auch in ihrer Fachschaft zum weitgrössten Teil aus überzeugten Nationalsozialisten. Wir wissen uns in Jena an der Universität im Trutzgau Thüringens mitverantwortlich für eine rückhaltslose Bejahung der nationalsozialistischen Weltanschauung und haben den Willen, daß in deutschen Kirchen die christliche Frömmigkeit in echter deutscher Gestalt verkündigt wird, wie es die grossen Söhne der Thüringer Heimat, Martin Luther und Johann Sebastian Bach, begonnen haben, in der festen Überzeugung, daß zwischen dem Nationalsozialismus und dem deutsch-geprägten Christentum kein Konflikt zu bestehen braucht. Die Theologische Fakultät hat deshalb den Vorschlag für die Religionsgeschichte unterbreitet, weil die künftigen Seelsorger mit dem tiefen religiösen Sinn in der gesamten arischen Völkerwelt bekannt werden muß [...] auch hat die Theologische Fakultät im November 38 den Zwang zur Erlernung der hebräischen Sprache aufgehoben.« (263 f.)

2.5 *»Das Christentum ist der unüberbrückbare religiöse Gegensatz zum Judentum«* – Die Godesberger Erklärung

Am 9. November 1938 erreichten die nationalsozialistischen Verfolgungsmaßnahmen gegenüber den deutschen Juden mit der »Reichspogromnacht« einen weiteren, traurigen Höhepunkt. Anlass zu diesem »unter aktiver Teilnahme oder passiver Duldung breiter Teile der deutschen Bevölkerung« durchgeführten Pogroms, das der Historiker Wolfgang Benz als »Rückfall in die Barbarei« bezeichnet, war das Attentat des Juden Herschel Grynszpan auf den Sekretär der deutschen Botschaft in Paris, Ernst Eduard vom Rath. (410) In einem Aufruf, der auf Anordnung des Landeskirchenrates in den thüringischen Kirchen am Bußtag 1938 verlesen werden sollte, nahm der thüringische Landesbischof Sasse wie folgt Stellung zu dem Geschehen:

»Der feige Mord eines Juden an dem Gesandschaftsrat vom Rath in Paris hat unser gesamtes deutsches Volk aufs tiefste empört.

Dieses Verbrechen erhellt schlaglichtartig, worum es heute im christlichen Abendlande geht. Es geht um den weltgeschichtlichen Kampf gegen den volkszersetzenden Geist des Judentums. Der Nationalsozialismus hat in unserer Zeit diese Gefahr am klarsten erkannt und in verantwortungsvollem Ringen um die deutsche Volksgemeinschaft der jüdisch-bolschewistischen Gottlosigkeit den schärfsten Kampf angesagt. Aufgabe der Kirche in Deutschland ist es, aus christlichem Gewissen und nationaler Verantwortung in diesem Kampfe treu an der Seite des Führers zu stehen.

Die Leitung der Thüringer evangelischen Kirche ist in Erkenntnis dieser Aufgabe nicht müde geworden, auf den unüberwindlichen Gegensatz zwischen Christentum und Judentum hinzuweisen. Im Namen des christlichen Glaubens hat sie an ihrem Teile den Kampf gegen den zersetzenden Geist des Judentums geführt und jegliche Verherrlichung des jüdischen Volkes aufs schärfste bekämpft.

Wer aus einem falschen Verständnis des Evangeliums heraus heute noch wähnt, die Verfälschung von deutscher christlicher Frömmigkeit durch den jüdischen Geist aufrecht erhalten zu müssen, den rufen wir gerade in diesem ereignisreichen Jahr 1938 erneut zu ernster Besinnung und Umkehr auf. Der Kampf gegen die jüdische Weltgefahr ist in ein entscheidendes Stadium getreten. Die Stunde gebietet, dem deutschen Volke die Quellen der ewigen Wahrheit neu und rein zu erschließen.

Der Landeskirchenrat weiß sich nach wie vor für das Glaubenserbe der Väter verantwortlich und dem deutschen Volk aufs stärkste verpflichtet. Er wird auch in Zukunft für die seelische Betreuung der Gemeinden, insbesondere für die Unterweisung der Jugend im christlichen Glauben besorgt sein. Es geht um die innere Erneuerung der christlichen Kirche im deutschen

Volke, um die echte Verbindung von Volkstum und Evangelium. Unser Geschlecht hat den Tatbeweis positiven Christentums zu erbringen.« (411f.)

Abb. 9: Martin Sasse

Im Sinne dieses Aufrufs setzte im November 1938 in den Mitteilungsblättern der Thüringer DC eine antisemitische Hetzkampagne schlimmsten Ausmaßes ein. Den Höhepunkt bildete der Abdruck von Auszugen einer Rede des fränkischen Gauleiters und Stürmerherausgebers Julius Streicher in der Zeitschrift »Die Nationalkirche«, die dieser auf dem Adolf-Hitler-Platz in Nürnberg kurz nach dem Pogrom vor 10.0000 Zuhörern gehalten und in der dieser betont hatte:

> »Vergeßt nicht, daß dieser Mörder ein Jude ist. Der Jude ist es, der den Mord von Golgatha auf dem Gewissen hat. Dieses Volk kann kein ›auserwähltes‹ Volk sein.« (414)

In einem Artikel »Kampf dem Weltfeind. Zu den Reden des Frankenführers Streicher aus der Kampfzeit« würdigte Meyer-Erlach im Januar 1939 zusätzlich die »Leistungen« des »Stürmer«-Herausgebers:

> »[...] In der Reihe der großen Redner, die mit ihrem Worte deutsche Geschichte gestaltet haben, wird Streicher als einer der ersten genannt werden. Die Reden Streichers haben etwas Besonderes, das ihn in den engsten Kreis der Entscheidenden stellt. Kaum ein anderer - außer der Führer - hat so wie Streicher mit durchdringender Klarheit schon frühzeitig den eigentlichen Todfeind des deutschen Volkes, der wurzelhaften, bodenverwachsenen Völker, den Juden, erkannt und bekämpft. [...] Man kann ohne Uebertreibung sagen, ohne seinen gigantischen Kampf der Aufklärung wären die Judengesetze nicht möglich gewesen. In einer Zeit der völligen jüdischen Verseuchung der sogenannten christlichen Kirchen, als wir blind und blöd durch volksfremde Dogmen und judaistische Lehrsätze den Juden nicht mehr sahen, wie ihn Christus, wie ihn die großen Führer des Christentums immer gesehen haben, hat Streicher in der Mitternachtsstunde der Kirche, in der Judas wieder Herr geworden war über Christus, unentwegt, allem Haß und Hohn, allem Gelächter und jedem Bannfluch zum Trotz, in das deutsche Volk, in die Christenheit des Abendlandes das Wort Luthers geworfen: ›Die Juden sind unser Unglück‹.« (414)

Der thüringische Landesbischof Sasse veröffentlichte zusätzlich am 23. November 1938 eine Schrift mit dem reißerischen Titel »Martin Luther über die Juden: ›Weg mit ihnen!‹«, in der er wahllos aus dem Zusammenhang gerissene antijüdische Luther-Zitate aneinanderreihte. Im Vorwort formulierte Sasse die Intention, die er mit seiner Schrift verfolgte:

> »Am 10. November 1938, an Luthers Geburtstag, brennen in Deutschland die Synagogen. Vom deutschen Volke wird zur Sühne für die Ermordung des Gesandtschaftsrates vom Rath durch Judenhand die Macht der Juden auf wirtschaftlichem Gebiete im neuen Deutschland endgültig gebrochen und damit der gottgesegnete Kampf zur völligen Befreiung unseres Volkes gekrönt. [...] In dieser Stunde muß die Stimme des Mannes gehört werden, der als der deutsche Prophet im 16. Jahrhundert aus Unkenntnis einst als Freund der Juden begann, der, getrieben von seinem Gewissen, getrieben von den Erfahrungen und der Wirklichkeit, der größte Antisemit seiner Zeit geworden ist, der Warner seines Volkes wider die Juden.« (414)

Auch Grundmann erkannte die »Zeichen der Zeit«: Er verfasste am 21. November 1938 ein Konzeptionspapier zur »Planung für die Schaffung und Arbeit einer Zentralabteilung zur Entjudung des religiösen und kirchlichen Lebens«. In der Vorbemerkung dazu heißt es:

> »Die Judenfrage ist in ihr akutestes Stadium eingetreten. In den Kirchen muss die Entscheidung gegen das Judentum mit voller Klarheit vollzogen und aus dieser Entscheidung die Konsequenz für alle Gebiete des kirchlichen und religiösen Lebens gezogen werden. Damit wird ein wesentliches Vermächtnis des

> deutschen Reformators erfüllt. Dieser Aufgabe und ihrer systematischen Durchführung dient eine ›Zentralabteilung zur Entjudung des religiösen und kirchlichen Lebens‹.« (464)

Diese »Zentralabteilung« habe, so Grundmann weiter, ein »Forschungsinstitut« mit Sitz in Jena zu schaffen. Die Leitung des Institutes solle nach Auffassung Grundmanns »in der Hand der verantwortlichen ordentlichen Professoren der Jenaer Universität« liegen; gemeint waren damit Meyer-Erlach, Eisenhuth und er selbst. Aufgabe dieses »Forschungsinstituts« sei die Bearbeitung des »Judenproblems in seiner religiösen Wirkung« bezüglich der »Frage des AT wie des NT, ferner die Probleme der Kirchengeschichte und der Liturgik und Pädagogik« (465). Die wissenschaftliche Bearbeitung dieses Problems innerhalb des geplanten Institutes habe in Form von Forschungsaufträgen zu erfolgen. Für die Verteilung der Forschungsaufträge solle eine Geschäftsstelle des Instituts verantwortlich sein. Als Geschäftsführer schlug Grundmann den Magdeburger Pfarrer Karl Erich Wilken vor, der zwar später Mitarbeiter, aber wegen einer Erkrankung nicht Geschäftsführer wurde. Wilken war im jüdischen Überwachungsdienst tätig und schrieb zum Jahreswechsel 1938/39 in einem Brief an Grundmann, dass er bei dieser Tätigkeit bereits »sehr viel Material« habe »aufstöbern können«. (465) Insbesondere spätjüdische Literatur, die er bisher nur in Jerusalem habe einsehen können, sei inzwischen bereits ausgewertet. Bei den jüdischen Büchern handelte es sich um Literatur, den der nationalsozialistische Überwachungsdienst nach dem »Novemberpogrom« von deutschen Juden konfisziert hatte. Moralische Bedenken gegen die Auswertung dieses geraubten Materials hatte Wilken offenbar genauso wenig wie Grundmann.

Nachdem das Institut Mitarbeiter für die Forschungsaufträge gefunden habe, so Grundmann in seinem Konzeptionspapier weiter, sei durch eine Tagung, die »den grundsätzlichen Willen zur Entjudung erkennen läßt«, die Öffentlichkeit über die Arbeit zu informieren. Das Institut benötige einen Geschäftsführer, das »Forschungsinstitut« sei zudem auf eine theologische Zeitschrift angewiesen. Neben dem Forschungsinstitut plante Grundmann in seinem Konzeptionspapier vom November 1938 weiterhin eine »Bibelgesellschaft«, die eine Ausgabe des Neuen Testaments und der »wertvollen Stücke des AT in einer von allen Judaismen gereinigten Weise als Volksbibel« erstellen sollte. Als »Nebenaufgaben« sollte die »Bibelgesellschaft« »entjudete Gesangbücher« und »Erbauungsbücher deutscher Frömmigkeit« herausgeben. Aufgabe einer »Zentralabteilung« sei »die Schulung der Pfarrer, Lehrer und Kirchenvertreter« basierend auf den wesentlichen Erkenntnissen des »Forschungsinstituts«. Sie solle »Material« an religiöse und kirchliche Presse weiterleiten und Tagungen abhalten, um die Öffentlichkeit zu informieren. Ein Verbindungsmann zur »Nationalkirchlichen Einung DC« sei vom Institut anzustellen, um für die »Ausrichtung der Arbeitskurse Sorge zu tragen« und um die Presse zu informieren. Die Gründung der Zentralabteilung solle durch eine Konferenz »der Kirchenführer von Thüringen, Mecklenburg, Anhalt, Lübeck und Sachsen durch den Leiter der Reichsgemeinde« unter Hinzuziehung der Theologieprofessoren Meyer-Erlach, Eisenhuth und Grundmann erfolgen. Diese Landeskirchen seien für die Bereitstellung von Mitteln für Tagungen, Reisen, Veröffentlichungen und für die Zeitschrift verantwortlich. Zu besprechen sei aber darüber hinaus »die ganze Frage grundsätzlich und praktisch« sowohl »mit dem Reichspropagandaministerium, dem Reichskirchenministerium, dem Reichserziehungsministerium« als auch »mit der Reichsleitung der NSDAP« und »dem Gauleiter Streicher«. (468 f.)

Die meisten der von Grundmann in seinem Konzeptionspapier entworfenen Planungen sollten schon sehr bald eine Umsetzung finden. Vor allem Leffler trieb die Idee für ein »Entjudungsinstitut« voran. Schon seit 1934 schwebte ihm die Schaffung einer Führerschule in einem »Heimathaus für deutsches Christentum« vor - eine Idee, die er nun im Jahr 1938 wieder aufgriff:

> »Im Rahmen unserer religiös-christlichen Aufgabe innerhalb unseres deutschen Volkes und darüber hinaus bewegt mich schon lange der Gedanke, eine Akademie zu schaffen für eine Art geistlichen Offiziersstand, der nicht einseitig theologisch orientiert sein kann, sondern eine umfassende Bildung haben muß. Vor allem müßte dabei das kulturelle Moment, die Sache der Kunst und vieles andere in die Arbeit einbezogen werden. [...] Ich glaube auch der Reichsminister für die kirchlichen Angelegenheiten würde sich einem solchen Plan nicht verschließen.« (470)

Dass eine solche Akademie letztlich in Form eines »Entjudungsinstituts« konzipiert wurde, hing wesentlich mit der Verschärfung der nationalsozialistischen Politik gegenüber den deutschen Juden seit dem »Novemberpogrom« zusammen. Am 17. und 18. März 1939 fand im Predigerseminar der Thüringer evangelischen Kirche in Eisenach, dem späteren Sitz des »Entjudungsinstituts«, ein Treffen der Fachabteilung Musik der »Nationalkirchlichen Einung DC« zur »Entjudung des religiösen Liedgutes unseres Volkes« statt. Die Tagung, zu der auch

Grundmann eingeladen worden war, sollte die Fortsetzung eines umfassenden Reformvorhabens des deutschen kirchlichen Liedgutes einleiten, dessen Abschluss ein reichseinheitliches »entjudetes« evangelisches Gesangbuch sein sollte. Dabei konnte schon auf umfangreiches Material zurückgegriffen werden, das die Thüringer DC seit ihrer Gründungszeit zusammengetragen hatten. Der Gesangbuchausschuss, der bedingt durch seine Konstituierung bereits vor der eigentlichen Institutsgründung nicht unmittelbar zur Arbeitsgliederung des Instituts zählte, sich aber dennoch aus einer Reihe von späteren Institutsmitarbeitern zusammensetzte, traf sich in der Folgezeit alle zwei bis drei Wochen. In Unterabteilungen wurde dabei das Liedgut im »Hinblick auf ein künftiges deutsches Reichsgesangbuch« bearbeitet. Auch die Frage der Gottesdienstordnung und des Gebetanhanges sollte in Sondergruppen gelöst werden.

Zeitgleich forcierten die Thüringer DC Anfang 1939 die rasche Umsetzung des Institutsprojekts, um die antijüdische Stimmung, die auch in den evangelischen Landeskirchen vorherrschte, für die eigenen Planungen auszunutzen. Bereits am 2. Februar 1939 hatte Leffler bei dem Organisationsleiter der »Nationalkirchlichen Einung DC«, Erwin Brauer, angefragt, ob er die Leitung des Finanzausschusses des geplanten »Entjudungsinstituts« übernehmen würde. Er brauche dringend Pläne zur Finanzierung, um diese dem Kirchenministerium und bei der »Besprechung mit den einzelnen Kreisen« vorlegen zu können. Deshalb sei es notwendig, dass sich Brauer und Grundmann in den nächsten Tagen zusammensetzen, um einen Etat für das Institut zu beraten. Ergebnis des Gespräches zwischen Brauer und Grundmann war ein »Arbeitsplan und Kostenanschlag für das Institut zur Erforschung des jüdischen Einflusses auf das deutsche religiöse Leben«. (472)

Abb. 10: Erwin Brauer

Am 2. Februar 1939 verfasste Leffler neben dem Schreiben an Brauer noch einen weiteren Brief an den thüringischen Landesbischof Sasse. Er teilte diesem mit, dass er die Arbeit des Instituts eng an die Organisation der »Nationalkirchlichen Einung« anzubinden gedenke, da nur dadurch »eine freie, echte Forschungsarbeit gewährleistet« sei. Andere Landeskirchen sollten erst hinzugezogen werden, »wenn der Plan bereits konkrete Formen angenommen hat«. Dies war schon Anfang März

1939 der Fall, weil Brauer zu diesem Zeitpunkt bereits Schreiben an die Kirchenregierungen der Landeskirchen Thüringen, Mecklenburg, Anhalt und Lübeck sowie den Finanzabteilungen der Landeskirchen Baden, Sachsen, Hannover und Nassau-Hessen mit der Bitte um eine finanzielle Beteiligung am Institutsprojekt verschickte. (473)

Am 15. März 1939 kam es auf Anregung Lefflers in Berlin zu einer Zusammenkunft von DC-Kirchenleitern. Neben Leffler waren Erwin Balzer, der Lübecker Landesbischof, Oberkirchenrat Johannes Klotsche für die sächsische Landeskirche, Landesbischof Schultz für die mecklenburgische Landeskirche, der Präsident des Evangelischen Oberkirchenrats in Berlin Werner für die Altpreußische Union, Oberkirchen- und Justizrat Rudolf Wilkendorf für die Landeskirche in Anhalt und Landesbischof Sasse für die thüringische Landeskirche anwesend. Die Kirchenführer betonten in einer Erklärung ihre »Bindung an die nationalsozialistische Weltanschauung und die nationalsozialistische Volksordnung« und äußerten die Auffassung, »daß in den religiösen Auseinandersetzungen der Gegenwart die Kirche ihre Aufgaben nur erfüllen kann, wenn sie im Geiste christlicher Freiheit namentlich denjenigen Kräften ausreichende Wirkungsmöglichkeiten schafft, die am klarsten die Harmonie zwischen deutscher Art und christlichem Glauben vertreten«. Zum Zweck einer einheitlichen Ausrichtung der Arbeit wurde daher eine neue Arbeitsgemeinschaft evangelischer Kirchenleiter gebildet, die eine enge Zusammenarbeit der beteiligten Landeskirchen in ihren inneren und äußeren Angelegenheiten wie eine enge »Fühlung mit dem Leiter der Reichsgemeinde der Deutschen Christen«, also Leffler, vereinbarte. Die Gründung eines »Entjudungsinstituts« wurde zudem als eine vordringliche Aufgabe der Arbeitsgemeinschaft proklamiert. (433 f.)

Reichskirchenminister Kerrl bemühte sich Anfang 1939 verstärkt darum, die in der neuen Arbeitsgemeinschaft organisierten Kirchenführer, die in enger Verbindung mit Leffler und der »Nationalkirchlichen Einung DC« standen, mit Vertretern der sogenannten »Mitte« zwischen Bekennender Kirche und Deutschen Christen zusammenzuführen, um die von ihm gewünschte Neuordnung der Deutschen Evangelischen Kirche doch noch erfolgreich zu beenden. Ziel war eine gemeinsame Erklärung, »um damit den kirchen- und christentumsfeindlichen Tendenzen in Staats- und Parteikreisen entgegentreten zu können.« Die Verlautbarung sollte »die Haltung der zum heutigen Staat positiv eingestellten Kreise in der Frage des Alten Testaments, des Judentums, der Stellung von Staat und Kirche und der ökumenischen Bewegung« dokumentieren. Daraufhin kam es am 25. und 26. März 1939 in Bad Godesberg zu einer Arbeitstagung, auf der Vertreter der kirchenpolitischen »Mitte« und der Deutschen Christen folgende Erklärung verabschiedeten:

»Mit dem unbeugsamen Willen, den Kirchenstreit einer positiv christlichen Entscheidung entgegenzuführen, haben sich Vertreter der Nationalkirchlichen Einung Deutsche Christen und Männer aus verschiedenen Kreisen evangelischer Pfarrer und Laien zu Beratungen zusammengefunden. Es wurde beschlossen, eine lose kameradschaftliche Zusammenarbeit aufzunehmen. Als Grundlage gelten folgende Sätze:

1. Mit allen Kräften des Glaubens und des tätigen Lebens dienen wir dem Manne, der unser Volk aus Knechtschaft und Not zu Freiheit und herrlicher Größe geführt hat. Wir bekämpfen unerbittlich alle Elemente, die politische Feindschaft religiös tarnen.

2. Im Kirchenstreit wird sichtbar ein Stück des großen religiösen und religionspolitischen Ringens, das in unserer Zeit durch unser ganzes Volk geht. Die Formen des Kirchenstreites sind unwürdig, die Machtkämpfe verwerflich; das Ringen selbst aber bejahen wir als Zeichen neuwachsenden religiösen Lebens.
3. Die Kernfragen der religiösen Auseinandersetzung sind:
   a) Wie verhalten sich Politik und Religion, wie verhalten sich nationalsozialistische Weltanschauung und christlicher Glaube zueinander?

   Auf diese Fragen antworten wir:

   Indem der Nationalsozialismus jeden politischen Machtanspruch der Kirchen bekämpft und die dem deutschen Volke artgemäße nationalsozialistische Weltanschauung für alle verbindlich macht, führt er das Werk Martin Luthers nach der weltanschaulich-politischen Seite fort und verhilft uns dadurch in religiöser Hinsicht wieder zu einem wahren Verständnis des christlichen Glaubens.

   b) Wie ist das Verhältnis von Judentum und Christentum? Ist das Christentum aus dem Judentum hervorgegangen und also seine Weiterführung und Vollendung, oder steht das Christentum im Gegensatz zum Judentum?

   Auf diese Fragen antworten wir:

   Der christliche Glaube ist der unüberbrückbare Gegensatz zum Judentum.

   c) Ist das Christentum wesensmäßig überstaatlich und international?

   Auf diese Fragen antworten wir:

   Überstaatliches und internationales Kirchentum römisch-katholischer oder weltprotestantischer Prägung ist politische Entartung des Christentums. Echter christlicher Glaube entfaltet sich fruchtbar nur innerhalb der gegebenen Schöpfungsordnungen.

4. Aus unserer Grunderkenntnis vom Sinn der religiösen Auseinandersetzungen ergibt sich von selbst, daß nicht Konstruktionen, Verfassungen oder Gesetzgebungen weiterhelfen. Der Kampf muß vielmehr innerlich ausgetragen werden.
5. Voraussetzung für eine solche religiöse Auseinandersetzung sind Ordnung und Toleranz in der Kirche. Die soeben erschienenen Verordnungen der Evangelischen Kirche der altpreußischen Union begrüßen wir als einen wesentlichen Beitrag dazu.
6. In der durch diese Sätze bestimmten Haltung werden wir eine gemeinsame Arbeit beginnen.« (437 f.)

Am 4. April 1939 kam es daraufhin in Berlin auf Einladung des Reichskirchenministeriums zu einer Landeskirchenleiterversammlung. Während dieser Versammlung unterzeichneten elf Landeskirchenregierungen[13] in Anknüpfung an die Godesberger Erklärung folgende Bekanntmachung, die umgehend im Gesetzblatt der Deutschen Evangelischen Kirche veröffentlicht und damit zu einer verpflichtenden Grundlage der kirchenamtlichen Arbeit der betreffenden Landeskirchen wurde:

»Wir unterzeichneten [sic!] Landeskirchenleiter nahmen Kenntnis von der Erklärung, mit der die Nationalkirchliche Einung Deutsche Christen und Männer aus verschiedenen Kreisen evangelischer Pfarrer und Laien zu gemeinsamer Arbeit zusammengetreten sind. In dieser Erklärung werden von kirchlichen Kreisen, die gewillt sind, die kirchlichen Fragen einer positiv-christlichen Entscheidung entgegenzuführen, folgende Grundsätze aufgestellt:

1. Jedes überstaatliche oder internationale Kirchentum römisch-katholischer oder weltprotestantischer Prägung ist politische Entartung des Christentums. Echter christlicher Glaube entfaltet sich fruchtbar nur innerhalb der gegebenen Schöpfungsordnungen.
2. Der christliche Glaube ist der unüberbrückbare religiöse Gegensatz zum Judentum.
3. Der Kampf des Nationalsozialismus gegen jeden politischen Machtanspruch der Kirchen, sein Ringen um eine dem deutschen Volke artgemäße Weltanschauung sind nach der weltanschaulich-politischen Seite hin die Fortsetzung und Vollendung des Werkes, das der deutsche Reformator Martin Luther begonnen hat. Mit der in diesem Kampfe neu gewonnenen echten Unterscheidung von Politik, Weltanschauung und Religion wird aber von selbst auch das wahre Verständnis des christlichen Glaubens wieder lebendig.
4. Voraussetzung für ein ehrliches religiöses Ringen, für Wachstum und Ausbreitung eines wahren christlichen Glaubens im deutschen Volk, sind Ordnung und Toleranz innerhalb der bestehenden Kirchen.

Wir Landeskirchenleiter, die wir in unwandelbarer Treue zu Führer und Volk stehen, bejahen diese Sätze, weil nach unserer Überzeugung die hier aufgezeigte Haltung Zukunft in sich trägt. Wir sind entschlossen, bei voller Wahrung religiöser Toleranz unsere gesamte kirchliche Arbeit entsprechend auszurichten. Als gewichtigen Schritt auf diesem Wege begrüßen wir die Verordnungen der Evangelischen Kirche der altpreußischen Union vom 18. und 20. März 1939.

Unsere erste Gemeinschaftsarbeit ist die Durchführung folgender Maßnahmen:

1. Gründung eines Instituts zur Erforschung und Beseitigung des jüdischen Einflusses auf das kirchliche Leben des deutschen Volkes.
2. Errichtung einer kirchlichen Zentralstelle zur Bekämpfung des Missbrauchs der Religion zu politischen Zwecken.
3. Errichtung eines religionspolitischen Seminars zum Zwecke der Erforschung der Zusammenhänge von Politik, Weltanschauung und Religion.
4. Herausgabe regelmäßiger monatlicher Nachrichten an Pfarrer und Kirchenälteste der beteiligten Landeskirchen.« (439 f.)

Kernstück sowohl der Godesberger Erklärung als auch der Bekanntmachung der elf Landeskirchenleitungen sind die vier Grundsätze, die das Verhältnis von Staat und Kirche, die Stellung des Christentums zum Judentum, die Haltung der Deutschen Evangelischen Kirche zur Ökumene sowie die Frage der »religiösen Toleranz« betrafen. Die Unterzeichner der Godesberger Erklärung und der Bekanntmachung waren bemüht, den religiösen und den politischen Bereich völlig voneinander zu trennen, um dem totalitären Anspruch des Staates gerecht zu werden. Sie gingen sogar noch weit darüber hinaus, indem sie das Verhältnis von Staat und Kirche einzig und allein vom Nationalsozialismus her definierten. Deshalb ist es auch nicht weiter verwunderlich, dass sich in beiden Erklärungen nicht eine einzige christliche Aussage oder ein zentraler christlicher Glaubensinhalt finden lässt. Die rassistische NS-Weltanschauung wurde von den Verfassern als lebendige Ausformung und Vollendung des Christentums dargestellt. Daher musste auch das Christentum, um diesem Anspruch zu entsprechen, vollständig vom Judentum getrennt und ein absoluter Gegensatz des Christentums zum Judentum betont werden. Hier folgt aus dem von der NS-Ideologie behaupteten rassischen Gegensatz zum Judentum die Behauptung eines religiösen, der künftig auch eine christliche Gemeinschaft mit sogenannten Judenchristen ausschließt. Ferner wurde auch jede öffentliche und politische Geltung des Christentums zu Gunsten des totalitären Staates verneint. Als vordringlichste Aufgabe sollte daher das Christentum entpolitisiert werden, um jedem politischen Machtanspruch der Kirche von vornherein entgegenzuwirken. Überstaatliches Kirchentum oder ökumenische Bestrebungen wurden als »politische Entartung des Christentums« abgelehnt, da man konsequent einen schöpfungstheologischen Ansatz vertrat, nachdem sich die Kirche unter allen Umständen in die »Volksgemeinschaft« einzuordnen habe. Um den Prozess dieser Eingliederung reibungslos zu organisieren, musste in der Kirche jeder Störfaktor ausgeschaltet werden. Mit Hilfe des Schlagwortes der »religiösen Toleranz« versuchte man deshalb jeden Dissens innerhalb der Kirche zu unterbinden, um die politischen Machthaber zufriedenzustellen.

Die Grundsätze beider Verlautbarungen deckten sich vollständig mit den Zielen der Thüringer DC. Zum ersten Mal war es gelungen, deren Vorstellungen zur Grundlage von rechtsverbindlichen Leitlinien für insgesamt elf evangelische Landeskirchen zu machen und auch die kirchenpolitische »Mitte« miteinzubeziehen. Ferner enthielt die Bekanntmachung der Kirchenleiter vom April 1939 öffentlich gemachte Verpflichtungserklärungen für die betreffenden Landeskirchen, in Gemeinschaftsarbeit für die praktische Umsetzung der genannten Grundsätze zu sorgen. Zwar wurde von den genannten Projekten nur das »Entjudungsinstitut« auch tatsächlich verwirklicht, dennoch sollte das Eisenacher Institut indirekt auch für die Umsetzung der anderen geforderten Maßnahmen sorgen. Dass dabei die Frage der »Entjudung« im Mittelpunkt der Einigungsbestrebungen stand, ist sicher kein Zufall, denn der kirchliche Antisemitismus war über die kirchenpolitischen Grenzziehungen hinweg konsensfähig.

Am 12. April 1939, nur knapp eine Woche nach der Veröffentlichung der Landeskirchleiterbekanntmachung, schickte Leffler »Richtsätze für ein ›Institut zur Erforschung des jüdischen Einflusses auf das deutsche religiöse Leben‹« an den Präsident des Evangelischen Oberkirchenrats in Berlin Werner, die spürbar durch das Konzeptionspapier Grundmanns beeinflusst waren. Leffler hob in den Richtsätzen besonders die Notwendigkeit einer »Entjudung« auf dem Gebiet der Theologie und Kirche hervor:

> »Die auf dem gesamten Gebiet des deutschen Lebens sich vollziehende Entjudung muß, wenn in Deutschland der Einfluß des Judentums restlos gebrochen werden soll, auf das Gebiet des religiösen Lebens übergreifen. Auf diesem Gebiet liegen die Dinge besonders schwierig, weil das religiöse Leben die innerlichste, aber auch konservativste Seite des menschlichen Lebens überhaupt darstellt und weil das religiöse Leben seit über einem Jahrtausend bestimmende Christentum aus Palästina kommt, was, wie etwa die Arbeiten Chamberlains zeigen, nicht ohne weiteres mit Judentum identifiziert werden kann. Deshalb bedarf die Frage des jüdischen Einflusses auf das deutsche Leben über das Christentum sowohl innerhalb als auch außerhalb des Christentums (z. B. der Einfluß Spinozas auf Goethe, Schleiermacher usw.) einer grundlegenden Erörterung. Die wissenschaftliche Forschung kann hier den prakti-

> schen politischen Aufgaben wesentliche Hilfsstellung [sic!] leisten.
>
> Dazu tritt die Erkenntnis, daß der vielerorts erkennbare Widerstand gegen die nationalsozialistische Weltanschauung auf einer Heiligsprechung jüdischer Denk- und Anschauungsvoraussetzungen beruht.
>
> Einer wahrhaft deutschen Frömmigkeit und ihrer Gestaltung kann der Weg nur im Zusammenhang mit einer restlosen Entjudung des deutschen religiösen Lebens eröffnet werden. Diese Gründe veranlassen die Planung eines Forschungsinstitutes, das den jüdischen Einfluß auf das deutsche religiöse Leben zu untersuchen und zu enthüllen hat. Dieses Institut muß in die Hand einer nicht konfessionell verpflichteten Wissenschaft gelegt werden.« (474 f.)

Zwei Gedanken sind in den Richtsätzen Lefflers besonders bemerkenswert: Einerseits die Betonung des funktionalen Aspekts eines solchen Instituts zur Ausschaltung von Gegnern der nationalsozialistischen Weltanschauung, aber andererseits auch das sichtbare Interesse, mit Hilfe des Instituts die Weltanschauung der Thüringer DC durch eine vermeintlich wissenschaftlich wertneutrale Einrichtung einzubetten, um die eigene Ideologie für die kirchenpolitischen Gegner schwerer angreifbar zu machen.

Während die »Nationalkirchliche Einung DC« nach der Bekanntmachung der Kirchenleiter die rasche Umsetzung des geplanten »Entjudungsinstituts« auf der Grundlage von Grundmanns Konzeptionspapier vorantrieb, war Reichskirchenminister Kerrl darum bemüht, weitere Landeskirchenleiter auf der Grundlage der Godesberger Erklärung zu einer Einigung zu bewegen. Er musste allerdings sehr bald einsehen, dass die einseitig nationalkirchliche Ausrichtung der Godesberger Erklärung kaum dazu geeignet war, seine Befriedungsbemühungen zum Erfolg zu führen. Um nicht auch noch den in der Kirchenleiterbekanntmachung angekündigten Maßnahmen den Beigeschmack von einseitig nationalkirchlichen Projekten zu geben, stoppte Kerrl in einer Anweisung an die Deutsche Evangelische Kirchenkanzlei am 12. Mai 1939 die Finanzierung der geplanten Projekte. Kerrl wollte zunächst sicherstellen, dass »verantwortliche Männer« und nicht einseitig nationalkirchlich orientierte Vertreter für die Durchführung der Maßnahmen sorgten, um den »Versuch, alle Landeskirchen auf gleicher Grundlage zu einigen«, nicht zu gefährden. Doch Kerrl kam zu spät, nach einer nochmaligen Zusammenkunft der Arbeitsgemeinschaft evangelischer Kirchenleiter am 18. April 1939 in Wiesbaden war das »Entjudungsinstitut« bereits am 6. Mai 1939 auf der Wartburg gegründet worden. Kerrl, der als Institutssitz lieber Wittenberg als Eisenach gesehen hätte, um es nicht zu einer reinen »DC-Sache« werden zu lassen, war von der raschen »Ingangsetzung des Institutes« überrascht worden, »zumal die rechtlichen Verhältnisse dieses Institutes zu den Landeskirchen, die das Institut zu errichten beschlossen hatten, bisher in keiner Weise festgelegt« waren. Demgegenüber wollten die Thüringer DC das von ihnen konzipierte Institut nicht mehr aus der Hand geben. Leffler drohte sogar damit, als Leiter des Instituts zurückzutreten, wenn »dieses mein Kind jetzt geteilt werden soll«. (446f.) Die Strategie, die Gunst der Stunde zu nutzen und die Umsetzung des Institutsprojekts möglichst schnell umzusetzen, hatte sich somit für die Thüringer DC ausgezahlt. Das am 6. Mai 1939 gegründete »Entjudungsinstitut« konnte durch die Einbindung von elf Landeskirchen sogar in seiner Arbeitsgliederung und in seinen

Forschungsvorhaben größer dimensioniert werden als ursprünglich von Grundmann geplant. Am Tag vor der Gründung des Instituts vermeldete Leffler demnach stolz in einem Brief an den thüringischen Reichsstatthalter Sauckel:

> »11 Landeskirchen haben sich bereit gefunden, die Finanzierung des Instituts zu übernehmen. Sie haben durch ihre Kirchenleiter den Wunsch ausgesprochen, doch aus geschichtlich-symbolischen Gründen heraus das Institut nach Wittenberg zu verlegen. Da ich beanspruchen darf, die Sache zuerst gedacht und auch geplant zu haben, wollte ich sie mir nicht aus der Hand gleiten lassen und vor allem jeden kirchlichen Einfluß verhindern, der die ganze Arbeit auf alte kirchliche Geleise bringen könnte. Ich habe den Herrn Reichsminister Kerrl daraufhin unterrichtet, daß ich bereits den Herrn Reichsstatthalter sowie den Herrn Ministerpräsidenten mündlich und schriftlich um die Genehmigung gebeten habe, doch das Institut nach Jena verlegen zu dürfen, um ihm in Anlehnung an die Universität einen sachlichen, wissenschaftlichen Charakter von vorneherein zu geben. Herr Reichsminister hat sein Einverständnis dafür gegeben, daß Eisenach vorerst zum Ort des Institutes gewählt werde, solange die Genehmigung von seiten des Herrn Reichsstatthalters für Jena, und damit auch die Anlehnung an die Universität, ausstehe. Die Arbeit des Institutes soll am Sonnabend, den 6. Mai, mit einer schlichten feierlichen Eröffnung ihren Anfang nehmen. Ich versichere zum Schluß dem Herrn Reichsstatthalter noch einmal, daß ich mit fanatischem Eifer darüber wachen werde, daß dieses Institut nicht der Erhaltung des Alten und der Restauration einer alten Kirche dient, sondern einzig nur dem Führer und seinem Werke.« (475f.)

3. Das »Institut zur Erforschung und Beseitigung des jüdischen Einflusses auf das deutsche kirchliche Leben«

3.1 *»Die Entjudung des religiösen Lebens als Aufgabe deutscher Theologie und Kirche«* – Die Eröffnung des kirchlichen »Entjudungsinstituts«

Eröffnet wurde das »Institut zur Erforschung und Beseitigung des jüdischen Einflusses auf das deutsche kirchliche Leben« am 6. Mai 1939 mit einem Festakt auf der Wartburg. Der wissenschaftliche Beirat des Instituts versammelte sich bereits am Tag zuvor im Burschenhaus in Eisenach und setzte seine Beratungen am Morgen des 6. Mai fort. In den Besprechungen wurden die Arbeitsrichtlinien des Instituts erörtert und bereits provisorisch einzelne Forschungsgemeinschaften gebildet. Gegen Mittag kam es zu einer gemeinsamen Sitzung der drei wichtigsten Gremien des »Entjudungsinstituts«, der Verwaltungs- und Finanzbeirat und der wissenschaftliche Beirat, bei der rechtliche Fragen, welche die das Institut tragenden Landeskirchen betrafen, sowie die Satzung des Instituts beraten wurden. Die Satzung konnte in dieser Besprechung allerdings aus Zeitmangel nicht abschließend besprochen und verabschiedet werden. Der für juristische Fragen in der Thüringer Landeskirche zuständige Kirchenrat Volkmar Franz wurde daraufhin aufgefordert, einen Satzungsentwurf im Sinne der Besprechung zu erarbeiten, der auf einer späteren Sitzung der Arbeitsgemeinschaft evangelischer Kirchenleiter erneut beraten werden sollte. Nach dem Treffen der Beiräte wurde zum Presseempfang eingeladen. Die feierliche Eröffnung des Instituts begann um 16.30 Uhr im Festsaal des Wartburghotels. Werner als Präsident des Evangelischen Oberkirchenrates aus Berlin und der thüringische Landesbischof Sasse begrüßten die Gäste, zu denen eine Reihe von Kirchenleitern ebenso zählte wie ein Vertreter des Reichskirchenministeriums, Vertreter der Reichskirchenregierung und der theologischen Fakultäten der Universitäten Jena, Berlin, Kiel und Wien.

Abb. 11: Institutseröffnung im Wappensaal des Wartburghotels

Werner betonte in einer kurzen Ansprache, dass es an der Zeit sei, »die Konsequenzen der völkischen und weltanschaulichen Selbstbesinnung des deutschen Volkes noch entschlossener als bisher auch auf kirchlich-theologischem Gebiet zu ziehen.« »Zu diesem Zwecke« bedürfe es »zunächst einer gründlichen wissenschaftlichen Erforschung des möglichen jüdischen Einflusses auf das deutsche kirchliche Leben, dem seine Ausmerzung folgen« müsse. Werner verlieh seiner Zuversicht Ausdruck, dass die Ergebnisse der Institutsarbeit »zu einer neuen Begegnung von Evangelischer Kirche und Volk einer Neuaufnahme des unverfälschten Evangeliums durch den Menschen des 3. Reiches beitragen« werde. Nach Werners Ansprache folgte Leffler in seiner Funktion als Institutsleiter mit einer Eröffnungsrede. Umrahmt wurde das gesamte Programm mit Musik von Mozart und Schubert. (477 f.)

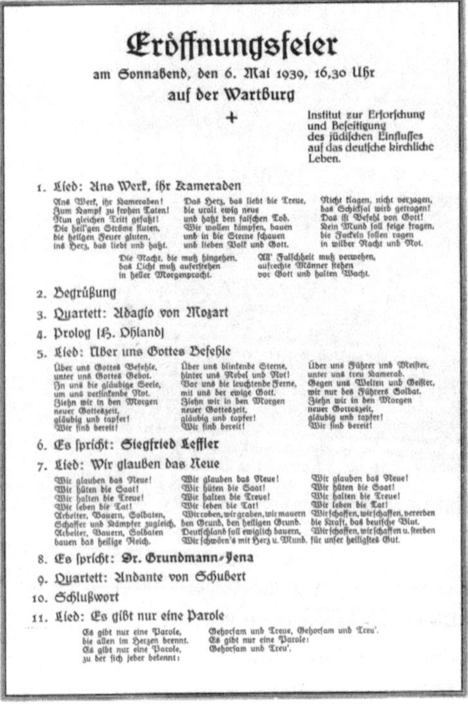

Eröffnungsfeier

am Sonnabend, den 6. Mai 1939, 16,30 Uhr
auf der Wartburg

+

Institut zur Erforschung
und Beseitigung
des jüdischen Einflusses
auf das deutsche kirchliche
Leben.

1. Lied: Ans Werk, ihr Kameraden

Ans Werk, ihr Kameraden!
Zum Kampf zu frohen Taten!
Nun gleichen Tritt gefaßt!
Die heil'gen Ströme fluten,
die heilgen Feuer gluten,
ins Herz, das liebt und haßt.

Das Herz, das liebt die Treue,
die uralt ewig neue
und haßt den falschen Tod.
Wir wollen kämpfen, bauen
und in die Sterne schauen
und lieben Volk und Gott.

Nicht klagen, nicht verzagen,
das Schicksal wird getragen!
Das ist Befehl von Gott!
Kein Mund soll feige fragen,
die Fackeln sollen ragen
in wilder Nacht und Not.

Die Nacht, die muß hingehen,
das Licht muß auferstehen
in heller Morgenpracht.

All' Falschheit muß verwehen,
aufrechte Männer stehen
vor Gott und halten Wacht.

2. Begrüßung
3. Quartett: Adagio von Mozart
4. Prolog [H. Ohland]
5. Lied: Über uns Gottes Befehle

Über uns Gottes Befehle,
unter uns Gottes Gebot.
In uns die gläubige Seele,
um uns versinkende Not.
Ziehn wir in den Morgen
neuer Gotteszeit,
gläubig und tapfer!
Wir sind bereit!

Über uns blinkende Sterne,
hinter uns Nebel und Not!
Vor uns die leuchtende Ferne,
mit uns der ewige Gott.
Ziehn wir in den Morgen
neuer Gotteszeit,
gläubig und tapfer!
Wir sind bereit!

Über uns Führer und Meister,
unter uns treu Kamerad.
Gegen uns Welten und Geister,
wir nur des Führers Soldat.
Ziehn wir in den Morgen
neuer Gotteszeit,
gläubig und tapfer!
Wir sind bereit!

6. Es spricht: Siegfried Leffler
7. Lied: Wir glauben das Neue

Wir glauben das Neue!
Wir hüten die Saat!
Wir halten die Treue!
Wir leben die Tat!
Arbeiter, Bauern, Soldaten,
Schaffer und Kämpfer zugleich.
Arbeiter, Bauern, Soldaten
bauen das heilige Reich.

Wir glauben das Neue!
Wir hüten die Saat!
Wir halten die Treue!
Wir leben die Tat!
Wir roden, wir graben, wir mauern
den Grund, den heiligen Grund.
Deutschland soll ewiglich dauern,
Wir schwören's mit Herz u. Mund.

Wir glauben das Neue!
Wir hüten die Saat!
Wir halten die Treue!
Wir leben die Tat!
Wir schaffen, wir schaffen, vererben
die Kraft, das deutsche Blut.
Wir schaffen, wir schaffen u. sterben
für unser heiligstes Gut.

8. Es spricht: Dr. Grundmann-Jena
9. Quartett: Andante von Schubert
10. Schlußwort
11. Lied: Es gibt nur eine Parole

Es gibt nur eine Parole,
die allen im Herzen brennt.
Es gibt nur eine Parole,
zu der sich jeder bekennt:

Gehorsam und Treue, Gehorsam und Treu'.
Es gibt nur eine Parole:
Gehorsam und Treu'.

Abb. 12: Eröffnungsprogramm

Unter dem Titel »Die Entjudung des religiösen Lebens als Aufgabe deutscher Theologie und Kirche« hielt Grundmann als wissenschaftlicher Leiter des Instituts den eigentlichen Eröffnungsvortrag, der noch im selben Jahr im Verlag Deutsche Christen in Weimar veröffentlicht wurde. Werner war von Grundmanns Vortrag begeistert und forderte, dass jeder Pfarrer mit diesen Ausführungen vertraut gemacht werden müsse. Sogar die »Parteiamtliche Prüfungskommission zum Schutze des NS.-Schrifttums« der Reichsleitung der NSDAP forderte im Juni 1939 ein Exemplar von Grundmanns Eröffnungsvortrag an, da die Zeitschrift »NS-Bibliographie« über die Institutseröffnung und den Vortrag berichten wollte.

In seiner Ansprache beschrieb Grundmann die Umbrüche seiner Zeit mit den Veränderungen, die die Reformation bewirkt habe. Beide Umbrüche hätten nicht nur die »Erkenntnis grundlegender Wahrheiten«, sondern auch die »Ablösung bisheriger Selbstverständlichkeiten« mit sich gebracht. Als grundlegende Wahrheit bezeichnete Grundmann die durch den Nationalsozialismus wiedergewonnene Erkenntnis, »daß der Mensch Glied einer ihn tragenden und umfassenden Gemeinschaft« sei. Anknüpfend an die nationalprotestantische Volksnomostheologie, die die menschliche Rasse als gottgesetzte Größe deklarierte, betonte er, dass »das Volk, eine aus der Rasse entstehende, an den Boden gebundene, durch das geschichtliche Schicksal bestimmte und geprägte organische Größe« sei. »Die Entdeckung und Erweckung« dieser »völkischen Wahrheit« sei dem Führer zu verdanken und stelle eine Fortsetzung der Ideen der Reformation dar. Sie habe sich aber auch »an einem ganz bestimmten Gegensatz vollzogen«.

> »Der Nutznießer der französischen Revolution und der hervorragendste Träger ihrer Ideen war nämlich das Judentum geworden, dem die Ideen der französischen Revolution das Ghetto geöffnet hatten. Ihren die Welt erobernden, das Völkische auslöschenden und die Weltherrschaft des Judentums herbeiführenden Ausdruck hatten diese Ideen im Bolschewismus gefunden. Aus diesen Gründen ist der Gegensatz gegen das Judentum geradezu die Voraussetzung für die Erkenntnis und Verwirklichung des völkischen Gedankens und damit des Anbruches einer neuen Epoche innerhalb der Weltgeschichte. Deshalb ist dem deutschen Volk der Kampf gegen das Judentum unwiderrufbar aufgegeben.« (481)

Daraus ergab sich für Grundmann ein eindeutiger Auftrag für die Wissenschaft, insbesondere für die Theologie: Ausschaltung eines möglichen jüdischen Einflusses auf das deutsche Geistesleben, im Speziellen auf das religiöse und kirchliche Leben. Das Gebot der Stunde für die Kirche sei demnach die Reinigung und Ausschaltung jüdischen Geistes in Bräuchen, christlichen Überzeugungen sowie in religiösen »Ausdrucksformen in Kultus und Dogma«. Es sei auch »nicht zu leugnen«, so Grundmann in seiner Rede weiter, »daß die heiligen Schriften der christlichen Kirchen, die Bibel, Altes und Neues Testament, in weiten Teilen jüdischen Geist atmen«. Dieser jüdische Geist versperre »unzählige[n] deutsche[n] Menschen den Zugang zur Bibel«. Daher sei »die reformatorische Aufgabe des Protestantismus« seiner Zeit, »den Unterschied zwischen der ewigen Wahrheit und der verschiedenen geschichtlichen Gestalt zu erkennen«. Mit Mitteln der modernen Wissenschaft, der »historisch-kritische[n] Arbeit«, sah er die Möglichkeit zur »Ablösung des heilsgeschichtlichen Zusammenhangs von Abraham auf Christus«, da es sich dabei nur um eine dogmatische Konstruktion der frühen Judenchristen gehandelt habe. Mit Mitteln der vergleichenden Religionswissenschaft sei auch eine Loslösung vom »heilsgeschichtlichen Bezug auf die Geschichte des Alten Testamentes« zugunsten der Besinnung auf die eigene »germanische Vorgeschichte« zur Wiedergewinnung der völkischen Wahrheit möglich. (480)

Grundmann stellte im Folgenden in seinem Eröffnungsvortrag vier »Aufgaben praktischer Art« vor, die das Institut zunächst vorrangig bearbeiten sollte:

(1) »Schaffung einer Ausgabe der vier Evangelien, die die ältesten Traditionen ablöst von ihren Umformungen und Zusätzen von zweiter Hand«,
(2) Ordnende Sichtung von »Kultus, Liedgut und Liturgie der christlichen Kirche«, damit »aus Liturgie und Liedgut die Zionismen verschwinden«, und »um zu einer Gottesdienstordnung der Deutschen« zu kommen,
(3) Untersuchung des Kirchenrechts auf jüdische Einflüsse,
(4) Aufklärung der deutschen Öffentlichkeit gegen die These »Christentum sei Fortsetzung und Vollendung des Judentums«. (481)

Neben diesen praktischen Maßnahmen sei wissenschaftliche Arbeit in folgenden fünf Bereichen zu leisten:

(1) Das Verhältnis Jesu zum Judentum, da die »Selbstverständlichkeit, mit der man bisher die Frage nach dem inneren und äußeren Zusammenhang Jesu mit dem Judentum bejaht hat, [...] unter dem Druck des Tatsachenmaterials mehr als fragwürdig« werde.

(2) »Die bevölkerungsgeschichtlichen und religionsgeschichtlichen Fragen Palästinas zur Zeit Jesu«, da »mit dem Schlüssel der mit der rassischen Weltanschauung gegebenen Erkenntnisse für die Geschichtsforschung die Religionsgeschichte Palästinas und des vorderen Orients um die Zeitenwende so wie die Geschichte Jesu und des Urchristentums neu geschrieben werden müssen.«

(3) Das »innere Problem der deutschen Reformation«, da sie »unter dem fundamentalen Einfluß der paulinisch geprägten Form des Christentums im Neuen Testament zustande kam.«

(4) Das »Verhältnis des Christentums zum Judentum und des Judentums zum Christentum«, um »die Stellung großer deutscher Persönlichkeiten zum Judentum« herauszuarbeiten und »jüdische Schriften über Jesus« zu untersuchen.

(5) Untersuchung des Einflusses »der jüdischen Vertreter im Neuidealismus (Cohen, Simmel u. a.)«, da sie »nicht ohne Bedeutung für die Entstehung der Grundgedanken der dialektischen Theologie sind. Hier liegen u. A. Wurzeln für die theologische Begründung des Gegensatzes dieser Theologie gegen die Weltanschauung des Nationalsozialismus.« (481 f.)

Die Bearbeitung der Aufgaben des Instituts solle, so Grundmann weiter, in Forschungsgemeinschaften und Einzelarbeiten erfolgen. Durch Lehrgänge, Veröffentlichungen und Vorträge seien die Ergebnisse daraufhin an »alle die Menschen, die in diesen Dingen verantwortlich denken und entscheiden müssen«, weiterzugeben. Grundmann schloss seinen Vortrag mit dem Appell, die nun formulierten Aufgaben »gewissenhaft und entschlossen« anzugehen, um dem deutschen Volk zu dienen und »ihm zur Klärung seiner inneren Fragen« zu verhelfen, und zwar »zur seelischen Ertüchtigung und Erstarkung der deutschen Nation«. Diese vom wissenschaftlichen Institutsleiter geäußerten Gedanken sollten nun den Charakter und die Ausrichtung des Instituts fortan wesentlich bestimmen. (482)

Die Reaktionen auf die Eröffnungsfeierlichkeiten des Instituts waren vielfältig und recht unterschiedlich. Sie geben das Spektrum der Meinungen wieder, die damals über die Gründung des »Entjudungsinstituts« in der Öffentlichkeit vorherrschten: Die Reaktionen zur Institutseröffnung reichten von Begeisterung über reservierte Zurückhaltung bis hin zu Ablehnung und Spott. In den Presseorganen der »Nationalkirchlichen Einung DC« »Deutsches Christentum« und »Die Nationalkirche« wurde, wie nicht anders zu erwarten, euphorisch über die Eröffnung des »Entjudungsinstituts« berichtet. Auch die »Fränkische Tageszeitung« schrieb unter dem Titel »Die Wartburg – Ausgangspunkt gegenwärtiger Reformation«, dass die Gründung des Instituts »von jedem Nationalsozialisten auf das Wärmste begrüßt werden« müsse. Die Wochenzeitung »Positives Christentum«, das Blatt der »Luther-Deutschen«, einer Nachfolgeorganisation der »Glaubensbewegung DC«, gab dem Institut die besten Wünsche mit auf den Weg: »Möge diese Arbeit beitragen zur Neuaufnahme des unverfälschten Evangeliums durch den Menschen des 3. Reiches.« Sogar aus dem Ausland kam positive Resonanz: So sah das »Siebenbürgisch-Deutsche Tagesblatt« aus Hermannstadt in Rumänien in der Institutsgründung ein Zeichen der »wachsenden Selbstbesinnung der Evangelischen Kirche [...] mit dem Mut zur letzten Konsequenz, die Reformation Luthers fortzusetzen, und für Kirche und Gemeinde ein neues Verständnis für die Bibel zu erarbeiten«. Das Kirchenblatt »Deutscher Sonntag« sah in den »Entjudungsaktivitäten« des Instituts den notwendigen Anfang, eine auch in der christlichen Kirche existente jüdische Wesensart zu bekämpfen, wollte allerdings die Institutsaktivitäten unabhängig von der weiteren Diskussion um die Mitgliedschaft von den so genannten »Judenchristen« in den christlichen Kirchen sehen:

> »Es geht hier nicht sowohl um das rassische Judentum, d. h. um den sogenannten ›Arierparagraphen‹, der fordert, daß kein Jude und Judenstämmling Pfarrer oder Angestellter oder auch nur Mitglied einer deutschen Kirche sein könne. Das sind juristische Fragen. Vielmehr geht es bei der Arbeit des Instituts für die Entjudung der Kirche um das religiöse Judentum, um die sog. A.T. vorgebildete [sic!] jüdische Stellung zu Gott, um die unzähligen Fäden, die, obwohl Jesus eben diese jüdische Religionswelt bis aufs Blut verfolgt und gerichtet hat, sich doch ins N.T., vor allem aber in die Geschichte der werdenden römischen Kirche eingeknüpft haben.« (484 f.)

Dagegen gab das kirchenoffizielle Blatt »Deutsche Evangelische Kirche« gegenüber der Institutsgründung eine eher skeptische Beurteilung ab, da man dadurch ein Aufleben der kirchenpolitischen Auseinandersetzungen zwischen Deutschen Christen und Bekennender Kirche befürchtete. Daher bezweifelte man,

> »ob derartige Institute für die gegenwärtige kirchenpolitische Not greifbare Bedeutung haben könnten. Schon die Aufgabenstellung dürfte heiß umstritten werden. Wenn z. B. ein ›Institut zur Erforschung und Beseitigung des jüdischen Einflusses etc.‹

> gegründet werden soll, so dürfte die Frage entstehen, ob damit etwa das moderne Judentum gemeint ist. Es wäre ehrlos, einen derartigen jüdischen Einfluß auch nur andeutungsweise anzugeben.« (485)

Ferner gab der »Evangelische Beobachter« zu bedenken, dass man durch die Institutsgründung eine Bestätigung der Kritik aus neuheidnischen und völkischen Kreisen befürchten müsse, für die das Christentum nichts anderes als »Judentum für Nichtjuden« sei:

> »Wir müssen gestehen, daß wir uns nicht bewußt sind, jüdischen Einflüssen in der kirchlichen Verkündigung Raum gegeben zu haben. Was die Frage nach der Stellung zum A.T. betrifft, ist das ein wissenschaftliches Problem, das wissenschaftlich entschieden werden muß; auch unsere Fakultäten werden dazu ein gewichtiges Wort mitzureden haben. Gerade weil wir als völkische Menschen uns um diese Dinge gekümmert haben, möchten wir hervorheben, daß jetzt nicht der Anschein entstehen darf, als habe man etwas gut zu machen, was wissentlich versehen worden ist. Wir sind stolz darauf, daß der Pfarrerstand unter den akademischen Berufen der judenreinste und judenfreiste gewesen ist.«

Die Befürchtung des »Evangelische Beobachters« war nicht unbegründet, denn tatsächlich erntete das neu gegründete Institut beißenden Spott von völkisch-deutschgläubiger Seite. Das Monatsblatt »Deutscher Glauben«, das von dem Gründer der Deutschen Glaubensbewegung, Jakob Wilhelm Hauer, herausgegeben wurde, schrieb in seiner Mai-Ausgabe 1939:

»Dieses Institut kommt etwas spät, denn die Tatsache des jüdischen Einflusses auf das Christentum, das ja das religiöse Leben unseres Volkes bis vor wenigen Jahren maßgebend beeinflußt hat, ist uns schon lange bekannt. Vielleicht bearbeitet dieses Institut in 1. Linie einmal die Frage, wie weit Jesus selber und alle Jesusbilder vom N.T. bis zu den deutschchristlichen Schriften unter diesem jüdischen Einfluß stehen.« (485)

In dieselbe Richtung ging auch die Kritik der völkischen Zeitschrift »Nordland«, die ebenfalls zu den Publikationsorganen der Deutschen Glaubensbewegung zählte und dementsprechend antiklerikal ausgerichtet war:

»Wenn ihr das Christentum entjuden wollt, bleibt vom Christentum überhaupt nichts, aber auch gar nichts übrig! Zu dieser Erkenntnis hat sich deutsche Gläubigkeit bereits durchgerungen, und das Ergebnis eurer Arbeit in eurem Institut wird dieselbe Erkenntnis sein! Solltet ihr dann aber nicht konsequent sein und diese ganzen vorderasiatischen Legenden und Sagen endgültig beiseite legen? Solltet ihr etwa versuchen, aus dem jüdischen Christentum ein ›arisches Christentum‹ herauszuklauben [...], dann laßt euch schon heute sagen, daß das ein Verrat an der germanisch-deutschen Seele ist!« (486)

Mathilde Ludendorff, zweite Ehefrau von Erich Ludendorff, dem einflussreichen General im Ersten Weltkrieg, argumentierte als Vorsitzende des völkisch-religiösen »Bundes Deutscher Gotterkenntnis« im Blatt »Am Heiligen Quell« ähnlich, indem sie das Christentum und das Judentum als identisch nachzuweisen versuchte und die »Gründung eines kirchlichen Entjudungsinstitutes als einen Gegensatz des Christentums gegen sich selbst« wertete. Auch die Zeitschrift »Weltkampf«, die seit 1924 von Alfred Rosenberg herausgegeben wurde und später in den Dienst des von diesem geleiteten staatlichen »Instituts zur Erforschung der Judenfrage« gestellt wurde, meldete sich zu Wort und gab zu bedenken:

> »So verdienstvoll auch solche Bemühungen sein mögen, so möchten wir doch bezweifeln, ob es überhaupt möglich ist, das Christentum zu entjuden. […] Wir glauben weder an ein arisches Christentum noch an einen arischen Christus. Ein bekannter Jude sagte einmal: ›Christentum ist Judentum für Europäer‹ und hier sind wir einmal ausnahmsweise mit einem Juden einer Meinung.« (486)

Spitzfindig bemerkte die Zeitschrift »Deutsches Christentum« dazu, dass die Thüringer DC »nie – auch nicht ausnahmsweise – mit einem Juden einer Meinung gewesen« seien und dies auch künftig niemals zu tun gedächten. Hart traf allerdings die Kritik der deutschgläubigen Zeitschrift »Sigrune«, einem von dem Schriftsteller und Zeichner Werner Graul in Erfurt herausgegebenen antichristlichen Blatt für »Nordische Art und Deutsche Gläubigkeit«, wie aus den heftigen Reaktionen der Thüringer DC ersichtlich wird. Sarkastisch schlug die »Sigrune« in einem offenen Brief an Leffler ein Arbeitsprogramm für das Institut vor, um die Arbeit »sehr fruchtbringend« zu gestalten, damit sie »die Billigung aller Gottgläubigen finden« könne:

> »1.) Nach Beseitigung des jüdischen Einflusses auf das kirchliche Leben ist der geistige Inhalt des Christentums so unwesentlich und die darin noch enthaltenen Wahrheiten werden in der lebensgesetzlichen Ordnung des nationalso-

zialistischen Staates um so vieles eindringlicher zur Geltung gebracht, daß die Aufrechterhaltung des großen kirchlichen Apparates nicht mehr zu verantworten ist.

2.) Demgemäß ist eine beschleunigte Rückgabe des umfangreichen kirchlichen Grundbesitzes (Güter und Forsten) an den Staat einzuleiten.

3.) Eine Umschulung der Theologen ist vorzunehmen, die diese ohne wirtschaftliche Einbußen je nach Begabung und guten Willen auf andere geeignete Berufe vorbereitet.

4.) Das Institut muß Biologen, Ärzte und andere Psychotherapeuten zur Mitarbeit heranziehen, um entsprechend der wissenschaftlichen Erkenntnis von der Einheit Körper-Seele eine Betreuung des Volkes auf lebensgesetzlicher Grundlage zu beraten.

5.) Es erfordert die strengste Bestrafung, wenn bei dieser seelisch-gesundheitlichen Betreuung einem Volksgenossen Lügen und Hirngespinste, d.h. wissenschaftlich nicht begründete Vorstellungen, beigebracht oder gestärkt werden.

6.) Die christlichen Theologen sind für diese seelisch-gesundheitliche Betreuung nicht geeignet, sie steht dem Biologen zu.

7.) Der christliche Priester als alleiniger Repräsentant einer mystischen, übersinnlichen, widernatürlichen oder übernatürlichen Kraft darf keinerlei Einfluß mehr besitzen.« (486f.)

Empört antworteten Grundmann in der Zeitschrift »Deutsches Christentum« und Julius Leutheuser in der Zeitschrift »Die Nationalkirche« auf die Kritik der »Sigrune«. Leutheuser machte in seinem Artikel die eigentliche Zielvorstellung deutlich, welche die Thüringer DC mit dem kirchlichen »Entjudungsinstitut« verbanden:

»Unser Ziel ist, nicht ein Tendenzinstitut gegründet zu haben, das die antisemitische Welle ausnützt, um sie nach altem jüdischen Muster doch wieder auf die Mühlen eines verjudeten Konfessionskirchentums zu leiten. Es ist auch nicht Aufgabe des Institutes, wie sie wünschen, jegliches Christentum mit dem Judentum in einen Topf zu werfen, um schließlich die Seele unseres Volkes hartherzigen Dogmatikern einer neuen Konfession ans Messer zu liefern. Nein. Es ist Aufgabe des Institutes, innerlich getragen vom deutsch-christlichen Aufbauwillen auf nüchternem Forschungswege auch wissenschaftlich unserem deutschen Volke aufzuzeigen, was das Herz des deutschen Menschen längst erfüllt hat: Das Judentum ist das Menschentum der Zersetzung nicht nur in der Politik, sondern auch in der Religion. Das Deutschtum hat die Aufgabe, dieser Zersetzung auch auf dem Gebiet des religiösen Lebens einen neuen Lebensaufbau entgegenzusetzen.« (487)

Unterstützung erfuhren die Thüringer DC auch von den Bremer DC unter deren Bischof Heinz Weidemann. Die Zeitschrift »Kommende Kirche« schrieb zum Angriff der »Deutschgläubigen«, dass die »Sigrune« nur »in das alte Horn« blase und »die abgespielte Melodie von dem Christentum, das in allen Schattierungen immer dasselbe sei«, neu aufzulegen versuche. (488)

Diese unterschiedlichen Einschätzungen zur Institutseröffnung werfen die Frage auf, wie von staatlicher Seite auf die Gründung des kirchlichen »Entjudungsinstituts« reagiert wurde: »Die Nationalkirche« druckte am 15. Mai 1939 das Antworttelegramm Julius Streichers auf die ihm telegrafisch übermittelten Grüße Lefflers von der Eröffnungsfeier des Instituts ab: »Ich danke Ihnen herzlich für Ihr Telegramm. Verspreche mir von Ihrer Arbeit viel Gutes für unser Feld. – Streicher.« (488)

Neben dieser positiven Einschätzung des Mannes, der für die nationalsozialistische Propaganda in Bezug auf die so genannte Judenfrage führend verantwortlich war, stand ein ausführlicher, »wenn auch recht zurückhaltend[er]« Bericht zur Institutsgründung in den vom Stab um Alfred Rosenberg herausgegebenen »Mitteilungen zur weltanschaulichen Lage«, ansonsten blieben weitere Reaktionen aus. Von einer einheitlichen Haltung der in der Partei bestimmenden Kräfte dem neu gegründeten kirchlichen »Entjudungsinstitut« gegenüber kann daher nicht ausgegangen werden, vielmehr standen sich in dem polykratischen System Befürworter und Gegner gegenüber, die gegensätzliche Interessen und widersprüchliche Konzeptionen in Bezug auf die weitere Existenzberechtigung der Kirche im »Dritten Reich« vertraten. Obwohl sich die Thüringer DC stark um die Anerkennung nationalsozialistischer Parteistellen für das Institut bemühten, blieben anerkennende Bekundungen von staatlichen oder Parteistellen auch in der Folgezeit Mangelware. Die Verschärfung des antikirchlichen Kurses der NSDAP während des Zweiten Weltkrieges hatte somit auch Einfluss auf die Arbeit des kirchlichen »Entjudungsinstituts«.

3.2 *»Es bedarf nur eines Willens, die gewonnenen Erkenntnisse in die Tat umzusetzen«* – Die Finanzierung und Satzungen des »Entjudungsinstituts«

Erst acht Monate nach seiner offiziellen Eröffnung konnte am 19. Januar 1940 auch endgültig die Satzung des »Entjudungsinstituts« auf einer Sitzung der Arbeitsgemeinschaft evangelischer Kirchenleiter verabschiedet werden. Die Verzögerung verwundert, denn bereits auf der konstituierenden Sitzung am 15. März 1939 hatte die Arbeitsgemeinschaft als eine ihrer vordringlichsten Aufgaben die »Errichtung eines Instituts zur Erforschung und Beseitigung des jüdischen Einflusses auf das deutsche religiöse Leben« genannt. Schon auf der Sitzung der Arbeitsgemeinschaft am 25. April 1939 war daraufhin den Kirchenleitern von den Thüringer DC eine vierseitige Vorlage für eine Satzung vorgelegt worden. Sie stammte offenbar aus der Feder Grundmanns. Im Abschnitt »Organisatorisches« wird darin als Sitz des Instituts »vorläufig« das Predigerseminar der Thüringer evangelischen Kirche in Eisenach in Aussicht gestellt, da dort für den Geschäftsführer des Instituts ein Büro zur Verfügung stehe und auch eine Bibliothek sowie ausreichend Raum für regelmäßige Tagungen vorhanden sei. Die Leitung des Instituts sollte »in der Hand« Lefflers liegen, dem ein Leiter des wissenschaftlichen Beirates, ein Institutsgeschäftsführer, ein Institutsschatzmeister und ein Institutsverwaltungsrat zur Seite zu stellen seien. Der Verwaltungsrat sei für die Verbindung zu den am Institut beteiligten Landeskirchen zuständig. Weiter war geplant, dass in den wissenschaftlichen Beirat des Instituts neben einer »Reihe von Mitarbeitern« auch »Bischöfe und Vertreter der Nationalkirchlichen Einung Deutscher Christen und der die Godesberger Erklärung mitunterzeichnenden Gruppen berufen werden« sollten. Die im folgenden Abschnitt des Satzungsentwurfes aufgeführten Arbeitsgebiete deckten sich mit der bereits in Grundmanns Eröffnungsrede genannten Gliederung in wissenschaftliche und praktische Aufgabengebiete. Zur »Arbeitsmethodik« wird im fünften Abschnitt gesagt, dass der wissenschaftliche Beirat die Forschungsarbeit zu leiten habe. Er solle zu regelmäßigen Sitzungen zusammenkommen, um die Arbeitsgebiete zu verteilen und den Fortgang der Arbeit in den Forschungsgemeinschaften zu prüfen. Es war vorgesehen, dass die Forschungsgemeinschaften ihrerseits die Aufgaben untereinander verteilen und Ergebnisse gemeinsam durcharbeiten sollten. Diese Forschungsergebnisse seien auf Lehrgängen und Tagungen in den Landeskirchen »in erster Linie« an Pfarrer und Lehrer weiterzugeben, aber auch in öffentlichen Vorträgen einem breiteren Publikum zugänglich zu machen. Eine Jahrestagung des Instituts mit einem »repräsentativen Charakter« solle die Arbeitsergebnisse nochmals besonders zur Geltung bringen, und zur Veröffentlichung der Forschungen solle eine wissenschaftliche Zeitschrift dienen. Darüber hinaus sollten monografische Studien Gesamtergebnisse der Institutsforschungen publizieren, und es wurde darum gebeten, dass die kirchliche Presse und die landeskirchlichen Nachrichtenstellen der beteiligten Landeskirchen fortlaufend über die Institutsarbeit berichten. (489 f.)

In der Anlage des Satzungsentwurfes wurden ferner bereits Personalvorschläge für das Institut unterbreitet. Ob sich die Thüringer DC im Vorfeld vergewisserten, welche der betreffenden Personen zur Mitarbeit tatsächlich bereit waren, ist nicht bekannt. Fest steht lediglich, dass einige der genannten Persönlichkeiten später nicht in den Mitarbeiterlisten des Instituts verzeichnet sind, aber auch, dass die überwiegende Mehrheit der Genannten ihre Bereitschaft zur Mitarbeit bekundete und ein Teil nachweislich in den Forschungsgemeinschaften tätig wurde. Neben Leffler als Leiter und Grundmann als wissenschaftlichem Leiter wurden in dem ersten Satzungsentwurf weiterhin als Geschäftsführer Dr. Heinz Hunger und als Assistent des wissenschaftlichen Leiters Lic. Rudolf Meyer vorgeschlagen. (491)

Der Verwaltungsrat hatte sich, wie bereits erwähnt, in den Besprechungen vor der Institutseröffnung konstituiert, und Werner hatte den Vorsitz übernommen. Im Juni 1939 verfügte Reichskirchenminister Kerrl, dass die Finanzabteilungen einiger Landeskirchen, welche die Bekanntmachung im Zuge der Godesberger Erklärung vom 4. April 1939 unterzeichnet hatten, keine Etatmittel mehr aus ihrem Haushalt für das Eisenacher Institutsprojekt zur Verfügung stellen sollten. Durch diese Verfügung war es den Landeskirchen, die 1937 nach dem Scheitern der Kirchenausschüsse in die Hände der juristischen Leiter der Verwaltungsbehörden übergegangen waren (also die Landeskirchen der Altpreußischen Union unter Werner, Sachsen unter Klotsche, Schleswig-Holstein unter Kinder und Nassau-Hessen unter Kipper), zunächst offiziell unmöglich gemacht, das Institut weiterhin finanziell zu unterstützen. Damit waren die Pläne Lefflers, der bereits am 15. März 1939 Grundmann brieflich zugesichert hatte, dass die Finanzierung des Instituts gesichert sei, zunächst durchkreuzt. Auch die Verabschiedung der Satzung, die nach der Intention Lefflers möglichst von allen elf an der Bekanntmachung der Kirchenleiter im Zuge der Godesberger Erklärung beteiligten Landeskirchen unterzeichnet werden sollte, war damit erst einmal in weite Ferne gerückt. Aber nicht nur die durch die Verfügung des Reichskirchenministers betroffenen Landeskirchen stellten die Finanzierung des Instituts fürs Erste zurück. Am 14. Juli 1939 teilte ferner auch die österreichische Landeskirche der Arbeitsgemeinschaft evangelischer Kirchenleiter mit, dass sie ihren finanziellen Verpflichtungen gegenüber dem Institut nicht nachkommen könne. Von den Landeskirchen, welche die Bekanntmachung im Zuge der Godesberger Erklärung unterzeichnet und sich damit zur Unterstützung des Instituts verpflichtet hatten, blieben somit nur die Landeskirchen Thüringen, Mecklenburg, Lübeck und Anhalt sowie Oldenburg und der Pfalz übrig, wobei sich die beiden letztgenannten ebenfalls weigerten, den ihrer Meinung nach überhöhten Finanzierungsforderungen nachzukommen. Die oldenburgische Landeskirche begründete ihre Weigerung wie folgt:

> »Wenn schon auf das finanzschwache Oldenburg eine solche ungeheuerliche Summe entfällt, kommt für alle 11 Landeskirchen (incl. Preußen) eine geradezu phantastische Gesamtsumme heraus.« (494)
>
> »Schließlich kann ich auch nicht verschweigen, daß zur Feststellung des jüdischen Einflusses und seiner Ausscheidung es u. E. nicht erst eines besonderen kostspieligen Instituts bedarf; die meisten Tatsachen sind bekannt. Es bedarf nur eines Willens, die gewonnenen Erkenntnisse in die Tat umzusetzen.« (495)

Die fehlende finanzielle Unterstützung durch einige der beteiligten Landeskirchen sorgte bei den Verantwortlichen im Institut für einige Unruhe. Obwohl Werner selbst an der Eröffnungsfeier des Instituts beteiligt gewesen war und sogar den Vorsitz im Institutsverwaltungsrat übernommen hatte, scheute er sich nach der Verfügung Kerrls vom Juni 1939, auch kirchenpolitisch gegenüber dem von ihm mit initiierten Institutsprojekt Farbe zu bekennen. Auch einer Aufforderung von Franz vom 10. Juni 1939, die vereinbarten Zuschüsse nicht nur für das Institut, sondern auch für die von der »Nationalkirchlichen Einung« aufgenommene Arbeit am Gesangbuch zu leisten, kam Werner nicht nach. Obwohl im Herbst 1939 die Institutsgeschäfte schon vollständig aufgenommen worden waren, bezeichnete Werner die weitere Entwicklung des Instituts als ungewiss. Um Zeit zu gewinnen und eine ausreichende Argumentationsgrundlage zu haben, ließ die Führung der Deutschen Evangelischen Kirche in Berlin zunächst einmal ein Gutachten zum umstrittenen Eisenacher Institut erstellen. Darin wurde bemängelt, dass die Arbeitsgliederung des Instituts zu breit angelegt sei. Aufgaben wie die Erarbeitung von Bibelausgaben sowie eines Gesang- oder Andachtsbuches würden den Rahmen eines solchen Instituts sprengen. Kritisiert wurden darüber hinaus die propagandistischen Motive des Instituts, dessen Führung sich in rein deutsch-christlicher Hand befände, und dass der Begriff des Judentums weniger im theologischen Sinne als im gegenwärtigen politischen Kontext verstanden werde. Das Gutachten empfahl, dass das Institut künftig den Charakter einer freien Forschungsgemeinschaft erhalten solle und sich nicht auf eine landeskirchliche Vollmacht berufen dürfe. Die Finanzierung des Instituts sei durch die Forschungseinrichtung selbst abzudecken, obwohl im Einzelfall eine Beihilfe von der Landeskirche nicht ausgeschlossen sei. Beihilfen könnten auch für Tagungen, Besoldungen und Reisekosten von der Deutschen Evangelischen Kirche gewährt werden, vorausgesetzt, das Institut würde in einem Etat seine Einnahmen nachweisen können, was von einem Vertreter der altpreußischen Landeskirche bei den Verwaltungsratssitzungen überprüft werden müsse. Zur Organisation der Arbeit genüge neben den ehrenamtlichen Stellen ein Geschäftsführer und eine Sekretärin. Außerdem müsse die Organisation des Instituts so eingerichtet sein, dass bei dessen Auflösung keine finanziellen Verpflichtungen für die betreffenden Landeskirchen entstehen dürften. Vermutlich hat das Gutachten mit dazu beigetragen, dass es Werner auch in der Folgezeit unterließ, die Finanzierung des Instituts zu formalisieren. Mit Schreiben vom 19. September 1939 erklärte er das Verhältnis der altpreußischen Landeskirche zum Institut als ruhend. Daraufhin übernahm Oberkirchenrat Johannes Sievers aus Lübeck für Werner den Vorsitz im Institutsverwaltungsrat.

Abb. 13: Johannes Sievers

Am 10. und 11. Juni 1939 hatte bereits der wissenschaftliche Beirat des Instituts in Berlin getagt; die Planung und der Aufbau von verschiedenen Fachgebieten waren inzwischen abgeschlossen, sodass die Arbeit in einzelnen Forschungsgemeinschaften im Sommer unmittelbar beginnen konnte. Dementsprechend lehnte Grundmann nach Kriegsbeginn auch einen Vorschlag Werners ab, die Institutsarbeit in der Kriegszeit ruhen zu lassen. Am 27. September 1939 kam es daraufhin zu einem Gespräch zwischen Werner und dem mecklenburgischen Landesbischof Schultz. Schultz war Ende August 1939 in den Geistlichen Vertrauensrat berufen worden, der die theologische Leitung der Deutschen Evangelischen Kirche übernehmen sollte. Zudem vertrat er Leffler nach dessen Einberufung zum Wehrdienst kommissarisch als Leiter der »Nationalkirchlichen Einung«. Nach der Besprechung mit Werner sandte Schultz am 30. September 1939 ein Schreiben an Grundmann mit der Einladung zu einem Treffen in Berlin, um über »die schwebenden Fragen, vor allen Dingen auch über das Judeninstitut« zu verhandeln. Vermutlich schaltete Grundmann, unzufrieden mit der unentschlossenen Haltung von Schultz, Leffler ein, der sich trotz seines Militärdienstes im Herbst wieder um die Institutsfragen kümmern konnte. Anfang November kam es zu einer Aussprache zwischen Leffler und dem Reichskirchenminister, in der Kerrl seine bisherige Auffassung revidierte, die Institutsarbeit sei nicht überparteilich, sondern an die »Nationalkirchliche Einung DC« gebunden. Auf Vermittlung des Reichskirchenministeriums wurde daraufhin am 13. November 1939 ein Vertrag zwischen der Deutschen Evangelischen Kirche und dem »Institut zur Erforschung und Beseitigung des jüdischen Einflusses auf das deutsche kirchliche Leben« geschlossen, der folgende Verpflichtungserklärungen enthielt:

»§ 1 Das Institut stellt der DEK seine Arbeitsergebnisse zur Auswertung laufend zur Verfügung, unterrichtet sie über seine Veröffentlichungen und über seine Veranstaltungen.

§ 2 Das Institut stellt der Deutschen Evangelischen Kirche seine Mitarbeiter für die Unterrichtung der deutschen Pfarrerschaft über die einschlägigen Fragen für Arbeitskonferenzen und -kurse zur Verfügung.

§ 3 In den Verwaltungsrat des Instituts, der gemäß seiner Satzungen gebildet ist, wird auf Grund dieses Vertrages ein von der DEK zu benennender Vertreter eintreten.

§ 4 Die DEK weist auf die Veröffentlichungen und Veranstaltungen des Institutes in ihrem Amtsblatt hin.

§ 5 Die DEK kann dem Institut jederzeit Anregungen für seine Arbeit geben und Wünsche für die Übernahme bestimmter im Rahmen der Institutsaufgaben liegender Arbeiten für die DEK aussprechen.

§ 6 Das Institut behält jedoch volle Freiheit in der Planung seiner Arbeiten, im besonderen bei der Durchführung seiner Forschungen und Untersuchungen.

§ 7 Die DEK unterstützt ihrerseits das Institut mit einem Beitrag entsprechend der Leistungsfähigkeit der an der Gründung und seitherigen Unterhaltung des Institutes noch nicht beteiligten Landeskirchen. Die Höhe des Beitrages ist in einem mit dem Vertragsabschluß gleichzeitig zu unterzeichnenden Sonderabkommen festzusetzen.

§ 8 Die Aufsicht über die Verwendung der Gelder sowie über die Verwaltung des Institutes erfolgt gemäß den Institutssatzungen.

§ 9 Der Vertrag tritt vom Tage der Unterzeichnung an in Kraft und gilt bis auf weiteres. Er kann nur nach Verstrich einer zwölfmonatigen Kündigungsfrist gelöst werden.« (499)

Auf der Grundlage dieses Vertrages war nun der Weg für die rechtliche und finanzielle Absicherung des Instituts frei, lediglich die noch fehlende Satzung musste verabschiedet werden. Am 9. Januar 1940 kam es daraufhin zu einer Sitzung der mit dem Institut »befreundeten Landeskirchen sowie des Finanzausschusses und des Verwaltungsrates des Institutes«, in der Leffler die Landeskirchen vermutlich auf einen gemeinsamen kirchenpolitischen Kurs einschwor. Wie bereits erwähnt, legten sich daraufhin die Landeskirchen Thüringens, Sachsens, Nassau-Hessens, Lübecks, Anhalts und Mecklenburgs am 10. Januar 1940 auf eine Institutssatzung fest, die Leffler Kerrl vorlegen konnte. Auch das Gespräch zwischen Leffler und Kerrl endete für die Institutsverantwortlichen sehr erfreulich, denn bereits am 16. Januar 1940 konnte Brauer Werner brieflich mitteilen:

> »Wie Ihnen wohl mein Kamerad Leffler gelegentlich seines letzten Besuches bei Ihnen mitgeteilt hat, hat sich der Herr Reichsminister für die kirchlichen Angelegenheiten in einer Unterredung, die er mit dem Kameraden Leffler hatte, dahin geäussert, dass die Bedenken, die er s. Zt. hatte, fallen gelassen hat und jetzt gegen die Überweisung von Zahlungen der Landeskirchen an das Entjudungsinstitut nichts mehr einzuwenden habe. Ich möchte annehmen, daß somit auch Ihre seither geltend gemachten Bedenken erledigt sind, zumal inzwischen auch die Satzungen des Instituts beschlossen sind. Ich bitte Sie daher ergebenst, nunmehr dem Entjudungsinstitut für die evang. Landeskirche der altpreussischen Union die für das laufende Rechnungsjahr fälligen Zahlungen zu überweisen, mindestens wäre ich für eine grössere Abschlagszahlung sehr dankbar.« (502 f.)

Die Satzung des Instituts wurde daraufhin am 19. Januar 1940 endgültig verabschiedet. Es heißt darin, dass sie zwar von Vertretern der Landeskirchen aus Thüringen, Sachsen, Nassau-Hessen, Lübeck, Anhalt und Mecklenburg verabschiedet worden sei, das Institut aber »auf Grundlage der Godesberger Erklärung durch die elf unterzeichnenden Landeskirchen in Eisenach« entstanden sei. Zu diesem Zeitpunkt waren also von den elf Gründerlandeskirchen des Instituts nur noch sechs übrig geblieben, darunter natürlich die vier deutsch-christlich geführten Landeskirchen Thüringen, Mecklenburg, Lübeck und Anhalt. Auch die Landeskirche der Altpreußischen Union unter Werner beteiligte sich nicht an der Verabschiedung der Satzung. Der Hinweis auf die Godesberger Erklärung deutet allerdings darauf hin, dass die unterzeichnenden Kirchen noch auf die Einbindung weiterer Landeskirchen hofften, die in der Bekanntmachung der Kirchenleiter im Zuge der Godesberger Erklärung die Gründung des Instituts beschlossen hatten, allen voran die größte evangelische Landeskirche der Altpreußischen Union. Zumindest die Landeskirche Schleswig-Holsteins schloss sich wenig später noch an. Aufgabe des Instituts, so heißt es in der Satzung weiter, sei die Erforschung des jüdischen Einflusses auf das deutsche kirchliche Leben, um geeignete Maßnahmen zu treffen, diesen Einfluss völlig und bald zu beseitigen. Dazu solle das Institut mit Arbeits- und Forschungsgemeinschaften, literarischen Veröffentlichungen, Vorträgen und Lehrgängen, sowie mit Anregungen an verantwortliche Kirchenleitungen dienen. Organe des Instituts seien der Verwaltungsrat, der Leiter, der wissenschaftliche Beirat, der Schatzmeister und der Geschäftsführer. Der Verwaltungsrat[14], das oberste Organ des Instituts, bestehe aus sieben Mitgliedern, die von den beteiligten Landeskirchen jeweils für drei Jahre eingesetzt werden sollten. Die Mitgliedschaft im Verwaltungsrat sei eine persönliche und solle nicht die Vertretung einer bestimmten Landeskirche darstellen. Der Verwaltungsrat genehmige den Arbeits- und Haushaltsplan des Instituts, berufe den Leiter und Schatzmeister und wähle aus seiner Mitte einen Finanzausschuss. Versammeln solle sich der Verwaltungsrat nach Bedarf, mindestens aber zweimal im Jahr. Den Vorsitz habe der Präsident des Oberkirchenrates der größten Landeskirche. Der Leiter, der die Verantwortung für die gesamte Arbeit des Instituts trage, werde auf eine Dauer von fünf Jahren ehrenamtlich vom Verwaltungsrat berufen. Er nehme an allen Sitzungen des Verwaltungsrates teil, um über den Fortgang der Arbeit des Instituts zu berichten. Darüber hinaus lege er den beteiligten Landeskirchen einen schriftlichen Jahresbericht vor und bestelle die Mitglieder des wissenschaftlichen Beirates. Der wissenschaftliche Beirat sei für die wissenschaftliche Arbeit des Instituts zuständig, verteile die Arbeitsgebiete, überwache den Fortgang der Arbeit und versammele sich nach Bedarf zu Sitzungen unter dem Vorsitz des wissenschaftlichen Leiters. Der ehrenamtlich arbeitende Schatzmeister, der wie der Verwaltungsrat für drei Jahre bestellt werde, führe die Finanzverwaltung des Instituts, indem er einen Haushaltsplan entwerfe, der vom Verwaltungsrat genehmigt werde. Der Geschäftsführer werde auf Vorschlag des Institutsleiters bestimmt. Seine Dienststellung regele ein Dienstvertrag. Gebe eine Landeskirche ihre Beteiligung an dem Institut auf, so bleibe sie verpflichtet, die Umlagen für das laufende Geschäftsjahr, das jeweils am 1. April eines Jahres beginnen sollte und am 31. März ende, beim Ausscheiden nach dem 30. September, ferner für die Umlage der ersten Hälfte des folgenden Geschäftsjahres den Beitrag zu zahlen. Bei Auflösung des Instituts seien die beteiligten Landeskirchen dazu berechtigt, über das Institutsvermögen zu bestimmen. (503 f.)

Nachdem die Satzung verabschiedet war, konnte die Institutsleitung, die schon seit der Eröffnung des Instituts die Verwaltung übernommen hatte, auch offiziell eingesetzt werden: Leffler als Leiter des Instituts, Grundmann als Leiter des wissenschaftlichen Beirates,[15] Brauer als Schatzmeister,[16] Heinz Dungs, der Pressechef der »Nationalkirchlichen Einung« als Leiter des Werberates,[17] Hunger als Geschäftsführer und Pich als stellvertretender Geschäftsführer.[18] Der Verwaltungsrat konstituierte sich nicht wie zunächst vorgesehen unter dem Vorsitz Werners als Vertreter der größten beteiligten Landeskirche, sondern unter dem bisherigen Vorsitzenden, dem Lübecker Oberkirchenrat Sievers, der auch der Arbeitsgemeinschaft evangelischer Kirchenleiter vorstand. Als Leffler Ende 1939 den Kriegsdienst antrat, übernahm Grundmann die Leitung des Instituts und Sievers die Stellvertretung.

Abb. 14: Heinz Hunger

Abb. 15: Heinz Dungs

Mit der Verabschiedung der Satzung waren die finanziellen Engpässe überwunden. Auch wenn die Zahlungen der Landeskirche der Altpreußischen Union zunächst nur recht zögerlich erfolgten, zahlten die anderen beteiligten Landeskirchen umso bereitwilliger. Auch der Erlass des Reichskirchenministers Kerrl vom 22. November 1940 trug dazu bei, dass die Institutsleitung sich fortan keine weiteren Sorgen bezüglich der Finanzierung machen musste. Kerrl bewilligte die Deckung von Kosten durch Kirchensteuermittel, die durch Vortragsveranstaltungen des Instituts entstanden. Reisen von Geistlichen zu den Vortragsveranstaltungen des Instituts, die allerdings mit Rücksicht auf den Kriegszustand auf das Notwendigste beschränkt werden sollten, könnten darüber hinaus als Dienstreisen liquidiert werden. Diese Zusage knüpfte der Reichskirchenminister an die Bedingung, dass die Vorträge des Instituts nur rein religiösen Charakter haben dürften, und die Teilnahme an solchen Vorträgen für Geistliche freigestellt bleiben sollte. Nachdem Kerrl 1941 verstorben war, wurde die Bewilligung von Zuschussanträgen von Ministerialrat Werner Haugg am 26. Mai 1942 bestätigt. Drei Tage vor Kerrls Tod fragte Grundmann bei Sievers an, ob er nicht nochmals im Reichskirchenministerium in Sachen Institut vorsprechen könne. Der Reichskirchenminister solle einen weiteren Runderlass herausgeben, mit dem er sein Interesse am Institut bekunde und die Förderung der Arbeit begrüße. Auch wenn es nicht mehr dazu kam, dokumentiert Kerrls Erlass von 1940, aber auch Grundmanns Schreiben an Sievers, dass Kerrl der Arbeit des Instituts zunehmend aufgeschlossener gegenüberstand. Daraufhin wurde auch vom Evangelischen Oberkirchenrat und der Altpreußischen Landeskirche zunehmend großzügig an das Institut gezahlt.

Zusammenfassend kann bezüglich der finanziellen Lage des Instituts gesagt werden, dass dessen Finanzierung sich nach anfänglichen Schwierigkeiten sehr bald konsolidierte. Unterschiedliche Gründe dürften dabei eine Rolle gespielt haben: Einerseits die »erfolgreiche Arbeit« des Instituts, denn die Institutsleitung konnte schon bald nach der Eröffnung führende Wissenschaftler für die Mitarbeit gewinnen. Deren Institutsveröffentlichungen erfuhren weithin wissenschaftliche Anerkennung, ihr Absatz übertraf sogar teilweise die Erwartungen der Institutsleitung. Dies bestärkte nicht nur das Vertrauen der beteiligten Landeskirchen, auch die Leitung der Deutschen Evangelischen Kirche und des Reichskirchenministeriums ließen sich langfristig für die Arbeit des »Entjudungsinstituts« gewinnen. Andererseits konnte das Institut auf die vorbehaltlose Unterstützung ihres Vorhabens zunächst durch die vier Landeskirchen Thüringen, Mecklenburg, Lübeck und Anhalt bauen, die schon in der schwierigen Anfangszeit des Jahres 1939 das Institut weiterhin unterstützten. Ab 1940 kamen sogar noch drei weitere evangelische Landeskirchen aus Sachsen, Nassau-Hessen und Schleswig-Holstein hinzu. Diesem Vorbild folgte dann mit einigen Vorbehalten auch die Altpreußische Landeskirche und einige ihrer Provinzialkirchen sowie der Evangelische Oberkirchenrat in Berlin.

3.3 *»Ein sehr lebhaftes und freudiges Echo in Volk und Kirche«* – Sitz, Name, Förderkreis und Veröffentlichungen des »Entjudungsinstituts«

Ursprünglich hatte sich Grundmann in seinem Konzeptionspapier vom November 1938 für eine Angliederung des Instituts an die Theologische Fakultät Jena ausgesprochen, und auch Leffler plante in den Richtsätzen vom April 1939 noch den Institutssitz in Jena oder Wittenberg. Im Mai 1939 jedoch wurde das Geschäftszimmer des Instituts von den Thüringer DC in Absprache mit dem thüringischen Landeskirchenrat in Eisenach in der Bornstraße 11 im Haus des Predigerseminars der Thüringer evangelischen Landeskirche eingerichtet. Dort war ausreichend Platz vorhanden, denn die Kandidaten für das Pfarramt waren entweder selbst zum Wehrdienst einberufen worden oder vertraten Pfarrer in ihren Pfarrämtern, die ihrerseits den Kriegsdienst angetreten hatten. Für die Benutzung des Hauses verlangte der thüringische Landeskirchenrat vom Institut keine Miete; darüber hinaus erhielten Geschäftsführer

Hunger und der im Geschäftszimmer tätige Mecklenburger Pastor Ernst Bardey zusätzlich kostenlose Wohnmöglichkeit und Verpflegung. Neben den Räumlichkeiten für das Geschäftszimmer nutzten die Mitarbeiter des Instituts auch die Bibliothek des Predigerseminars, die durch die vom Institut angeschaffte Literatur weiter ergänzt wurde. Für kleinere Arbeitstagungen und Pfarrerfortbildungen stand dem Institut der Tagungsraum des Predigerseminars zur Verfügung. Neben der günstigen Möglichkeit, die Räume des Predigerseminars kostenfrei nutzen zu können, dürften die Institutsgründer auch ideelle Gründe bewogen haben, den Sitz des »Entjudungsinstituts« nach Eisenach an den Fuß der Wartburg zu legen, in der Luther 1521 bis 1522 Zuflucht gefunden und das Neue Testament ins Deutsche übersetzt hatte. So empfanden die Institutsleitung und die Mitarbeiter ihre Tätigkeit, wie in Grundmanns Eröffnungsrede angeklungen, als Akt von reformatorischer Bedeutung. Neben den räumlichen, finanziellen und ideellen Voraussetzungen sprachen auch die besseren personellen Gegebenheiten aus der Sicht der Thüringer DC für einen Sitz des Instituts in Eisenach. Denn ebenfalls in Eisenach im Reuterweg 2a befand sich die Reichsgemeindeleitung der »Nationalkirchlichen Einung DC«, wo der Reichsorganisationsleiter Brauer mit seinem Stab von Mitarbeitern tätig war. Auf dem Eisenacher Pflugensberg hatte in einer schlossähnlichen Villa, die von der Familie von Eichel-Streiber erbaut worden war, zudem die Thüringer evangelische Landeskirche ihren Sitz. Es ging bei der Entscheidung für Eisenach nicht allein um die Frage des Institutssitzes, sondern auch um den Einfluss auf die Tätigkeit des Instituts, den die Thüringer DC wahren wollten. Ferner sollten umgekehrt die im Institut tätigen Wissenschaftler und Theologen das wissenschaftsfeindliche Image der Thüringer DC zu verbessern helfen, die in weiten Teilen der kirchlichen Öffentlichkeit weiterhin als theologiefeindliche Bewegung galten.

Irritationen löste der Institutsname aus, der im Schriftverkehr und auch in den Veröffentlichungen einmal mit, dann aber auch wieder ohne den Zusatz: »und Beseitigung« auftaucht. Dazu findet sich in dem bereits erwähnten Gutachten der Altpreußischen Landeskirche, das im Herbst 1939 erstellt wurde, folgender Vermerk:

> »Nach der ursprünglichen Bezeichnung sollte sich das Institut mit der ›Erforschung und Beseitigung des jüdischen Einflusses auf das deutsche kirchliche Leben‹ befassen. Offenbar hat aber der Titel Anstoss erweckt, sodass nach den Verbandsmitteilungen das Institut nur noch [den Namen] ›Institut zur Erforschung des jüdischen Einflusses auf das deutsche kirchliche Leben‹ trägt. So sind die Beanstandungen beseitigt, welche anfänglich erhoben worden waren, nach denen der Titel schon voraussetzte, was erst zu beweisen gewesen wäre.« (527)

Tatsächlich verzichtete die Institutsleitung Ende 1939 auf das Wort »Beseitigung« im Institutsnamen. Es gibt unterschiedliche Erklärungen, warum es noch im Jahre 1939 zur Entfernung des Zusatzes »und Beseitigung« im Institutsnamen kam. So erklärte Hans Ermisch, der im Predigerseminar für die Pressestelle der Thüringer evangelischen Kirche tätig war und ab 1943 die Institutsgeschäftsführung übernahm, in seinen Lebenserinnerungen, dass die Mitarbeiter des Instituts die Beseitigung der »Beseitigung« beantragt hätten, da sie ihre Aufgabe als einen Forschungsauftrag begriffen. Grundmann behauptete in seiner Denkschrift zur Tätigkeit des Instituts vom Dezember 1945 sogar, dass Reichskirchenminister Kerrl 1939 auf den Namen mit dem Zusatz »Beseitigung« bestanden habe, was aufgrund der bereits geschilderten kirchenpolitischen Zielsetzungen des Reichskirchenministers aber als sehr unwahrscheinlich angesehen werden muss. Den Zusatz habe die Institutsleitung nach Grundmanns Darstellung deshalb abgelehnt, da die Frage einer Beseitigung keine Forschungsfrage eines Instituts, sondern eine kirchenpolitische Handlung dargestellt habe. Außerdem sei mit dem Wort »Beseitigung« die These des jüdischen Einflusses, die das Institut zunächst einmal erforschen wollte, bereits vorausgesetzt gewesen. In seiner Autobiografie aus dem Jahre 1969 behauptete Grundmann weiterhin, dass die Streichung des Zusatzes »und Beseitigung« auf seine Initiative hin erfolgt sei. Gegen Grundmanns Behauptungen, dass die Institutsleitung von vornherein den Namen des Instituts mit dem Zusatz »Beseitigung« abgelehnt habe, spricht der Sachverhalt, dass bereits die Konzeptionspläne des wissenschaftlichen Leiters auf die »Beseitigung des jüdischen Einflusses« abzielten, der Institutsname im Frühjahr 1939 den Zusatz enthielt und erst ab Ende 1939 auf diesen verzichtet wurde. Grundmanns Aussagen nach 1945 dienten daher offensichtlich eher seiner eigenen Entnazifizierung, denn die Arbeitsweise des Instituts ließ keinen Zweifel daran, dass es letztlich um die »Beseitigung« eines vermeintlich jüdischen Einflusses auf Theologie und Kirche ging.

Die Idee zur Gründung eines Förderkreises wurde von der Institutsleitung bereits im Jahre 1939 gefasst, denn als am 30. Dezember 1939 erstmals die Verbandsmitteilungen des Instituts erschienen, befand sich darin schon ein Aufruf zum Beitritt in den Institutsförderkreis. Der Kreis der Förderer setzte sich dem Aufruf zufolge aus den Empfängern der Verbandsmitteilungen zusammen, die jährlich dreimal erscheinen sollten. Ebenso wurde den Förderern ein ermäßigter Preis für die Institutsveröffentlichungen eingeräumt, und sie erhielten gesonderte Einladungen zu den Tagungen. Für den Beitritt in den Förderkreis musste jedes Mitglied einen Jahresbeitrag von mindestens einer Reichsmark entrichten. Der Leiter des Förderkreises war Pich als stellvertretender Geschäftsführer des Instituts. Die Verbandsmitteilungen wurden den Förderern entweder per Post zugeschickt, oder die zuständige Landeskirche kümmerte sich um deren Verteilung.

Die Werbearbeit des Instituts wurde am 29. Mai 1940 nochmals intensiviert, als auf der Sitzung des Institutsverwaltungsrates die Gründung eines Institutswerbeausschusses unter der Leitung von Dungs beschlossen wurde. Der Sitz des Werbeausschusses sollte Wittenberg sein, und die Landeskirchen wurden um die Entsendung von Vertretern gebeten. Außerdem regte Dungs an, die hohen Kosten, welche die Versendung der Verbandsmitteilungen verursachten, durch kirchliche Kollekten der beteiligten Landeskirchen zu decken. Darüber hinaus sollte von den im Verwaltungsrat befindlichen Kirchenleitungen der Versuch unternommen werden, ganze Kirchengemeinden zum Kollektivübertritt in den Förderkreis zu gewinnen, um damit Portogelder zu sparen. In Thüringen wurde dieses Verfahren bereits im Frühjahr 1940 praktiziert. Der Erfolg dieser intensiven Werbetätigkeit blieb nicht aus. Im Artikel »Der Kreis der Förderer« in den Verbandsmitteilungen Nr. 2/3 stellte Pich fest, dass der Aufruf zum Beitritt in den Förderkreis aus der ersten Nummer der Verbandsmitteilungen bereits »ein sehr lebhaftes und freudiges Echo in Volk und Kirche gefunden« habe. »In großer und ständig wachsender Zahl« seien »die Beitrittserklärungen aus allen Gauen des Großdeutschen Reiches und aus allen Berufsständen des deutschen Volkes« eingegangen. Diese Solidaritätsbekundungen hätten die »Notwendigkeit und Dringlichkeit der Aufgabe, die das Institut in Angriff genommen« habe, ebenso unterstrichen wie die »Bedeutung, die die Arbeit des Instituts gerade in dieser geschichtlichen Stunde« habe, »in der das deutsche Volk führend im Kampfe gegen das Weltjudentum« stehe. Das Institut habe ein Interesse daran, »dass die Ergebnisse seiner wissenschaftlichen Forschungsarbeit nicht wieder als ein Geheimwissen den Fachgelehrten vorbehalten« bleibe, »sondern daß sie in weitestem Ausmaß in Volk und Kirche hineingetragen werden«. (535 f.)

Auch die Institutsmitarbeiter trugen durch Werbe- und Vortragsveranstaltungen in den DC-Gemeinden dazu bei, dass die Anzahl der Institutsförderer zunahm. Der im Dezember 1940 für die Arbeit im Institut vom Thüringer Landeskirchenrat beurlaubte Max Adolf Wagenführer und Herbert von Hintzenstern, die beide bei Grundmann in Jena promovierten, waren sogar speziell von der Institutsleitung dazu eingesetzt, in Form von Vortragsveranstaltungen die Förderer und Interessenten über die Arbeit des Instituts zu unterrichten. Über die Anzahl der Institutsförderer lassen sich keine genauen Angaben machen, da die Zahlen vom Förderkreis weder veröffentlicht wurden noch eine Kartei der Förderer nach Kriegsende erhalten geblieben ist. Allerdings erhöhte sich nach Angaben der Institutsleitung noch im Februar 1943 trotz des Zweiten Weltkrieges die Zahl der eingetragenen Förderer.

Zuständig für die Herausgabe der Verbandsmitteilungen war bis Ende 1940 Institutsgeschäftsführer Hunger. Die Verbandsmitteilungen, so Dungs in einem Antrag auf Zulassung bei der Reichspressekammer vom Juli 1939, sollten über den »Fortgang der Arbeit, die Forschungsergebnisse der einzelnen

Arbeitsgemeinschaften« berichten. Gedruckt wurden die Verbandsmitteilungen in einer Auflage von 25.000 Exemplaren im Georg Wigand Verlag in Leipzig, in dem auch eine Reihe weiterer Institutsveröffentlichungen erschienen. Die Verbandsmitteilungen unterstützten erfolgreich die Werbearbeit des Instituts, sogar von der Front erfolgten Anmeldungen zum Förderkreis und anerkennende Stellungnahmen zur Institutsarbeit. Auch in akademischen Kreisen wurde der Bekanntheitsgrad des Instituts über die Mitteilungen gesteigert. So schrieb beispielsweise Professor Wilhelm Koepp aus Greifswald an das Institut:

> »Die Verbandsmitteilungen haben mich in hohem Maß interessiert. Ich halte die gewählte Art für glücklich, besonders auch die Leseproben. Man erhält ein deutliches Bild von Aufgabenstellung und Arbeitsweise des Institutes und freut sich, wie hier wirklich gearbeitet wird.« (541)

Mit der Ausgabe Nr. 5/6 vom Dezember 1941 wurde das Erscheinen der Verbandsmitteilungen eingestellt. Bemerkenswert ist, dass diese Ende 1941 überhaupt noch erscheinen konnten, denn bereits Mitte des Jahres hatte die Reichsschrifttumskammer ein Druckverbot für Veröffentlichungen mit kirchlich-konfessionellem Charakter auf Grund der kriegsbedingten Papierbeschränkungen verfügt. Sofort versuchte das Institut, dieses Verbot zu umgehen. Der Einspruch gegen die Druckbeschränkung, der mit der Kriegswichtigkeit der Institutsarbeit argumentierte, wurde vom Reichskirchenministerium unterstützt. Nachdem das Reichskirchenministerium das Weitererscheinen der Verbandsmitteilungen befürwortet hatte, zeigte sich die Reichsschrifttumskammer aufgeschlossen, dem Gesuch des Instituts zu entsprechen. Allerdings wurde ein Papierantrag des Georg Wigand Verlages von der Wirtschaftsstelle des deutschen Buchhandels zunächst einmal bis Kriegsende zurückgestellt. In einem Schreiben an die Mitarbeiter des Instituts teilte Dungs mit, dass die Verbandsmitteilungen »zwar nicht aufgehoben bzw. eingestellt« seien, aber trotz »vielfacher Bemühungen bis heute [...] die Papier- und Druckgenehmigung für eine neue Nummer« nicht zu erhalten gewesen sei. Lediglich ein achtseitiger Arbeitsbericht 1942/1943 aus dem Jahre 1944 informierte die Förderer und Mitarbeiter über die seit den Verbandsmitteilungen Nr. 5/6 erfolgten Tätigkeiten des Instituts. (543)

Ebenso erfolglos wie die Bemühungen um das Weitererscheinen der Verbandsmitteilungen im Jahre 1941 blieben die Versuche der Institutsleitung, anstelle der Verbandsmitteilungen ein wissenschaftliches Fachorgan herauszugeben. Pläne dazu bestanden schon seit November 1938, als von Grundmann erste Konzepte für das »Entjudungsinstitut« entwickelt worden waren. Allerdings waren die Pläne der Institutsleitung im Jahre 1939, die Zeitschrift »Deutsche Frömmigkeit« in eine theologische Zeitschrift umzuwandeln, ebenso gescheitert, wie eine andere theologische Zeitschrift für die Zwecke des Instituts zu übernehmen. Im Einvernehmen mit der Reichsschrifttumskammer waren daraufhin vom Institut die Verbandsmitteilungen herausgegeben worden, die nach der Vereinbarung mit der staatlichen Stelle jährlich dreimal erscheinen durften. Nachdem die Reichsschrifttumskammer seit Mai 1941 einschneidende Papiereinschränkungen für christliches Schrifttum verfügt hatte, bemühte sich die Institutsleitung nochmals verstärkt, die Umwandlung einer der Zeitschriften der Thüringer DC in ein wissenschaftliches Fachorgan des

Instituts voranzutreiben. Während sich der Direktor der kirchlichen Presse in Thüringen Bauer für eine Umwandlung der »Deutschen Frömmigkeit« einsetzte, wollte Grundmann die Zeitschrift »Deutsches Christentum« in ein Institutsfachorgan verändern. Mit der letztgenannten Zeitschrift der Thüringer DC bestand bereits seit dem Frühjahr 1941 eine Übereinkunft, Bekanntmachungen, Berichte und grundsätzliche Aufsätze aus der Arbeit des Instituts zu veröffentlichen. Nachdem auch der Verlag Deutsche Christen in Weimar, der inzwischen den Namen »Der neue Dom. Verlag für deutsch-christliches Schrifttum« trug, als Herausgeber der Zeitschrift »Deutsches Christentum« zu deren Umwandlung bereit war, beantragte Dungs am 23. April 1941 beim Präsidenten der Reichspressekammer die Veränderung der Zeitschrift in ein »Fachorgan des Instituts«. Als Namen dafür schlug Dungs »Deutsche Religionswissenschaft, Organ des Instituts zur Erforschung des jüdischen Einflusses auf das deutsche kirchliche Leben« vor. Allerdings wurde der Antrag ohne nähere Begründung abgelehnt, woraufhin sich Grundmann beim Präsidenten der Reichspressekammer wie folgt beschwerte:

> »[...] Der damit gegebene Tatbestand trifft uns insofern besonders hart, als es sich bei unserem Institut um die einzige wissenschaftlich-theologische Stelle in Deutschland handelt, die nach den rassisch-völkischen Erkenntnissen der nationalsozialistischen Weltanschauung ihre Arbeit auf dem religiösen Sektor des deutschen Volkes ausrichtet. Die im Institut zusammengeschlossenen Kräfte, die sich im Unterschied zu der sich diesen Erkenntnissen verschließenden bisherigen Theologie und Religionswissenschaft als Nationalsozialisten vorbehaltlos auf den Boden der rassischen Erkenntnisse als Grundvorausset-

> zung für alle deutsche Wissenschaft stellen, verfügen bis heute über kein Sprechorgan. [...] Dieser Sachverhalt ist umso bedauerlicher, als die Tätigkeit des Instituts auch die Beachtung und Anerkennung der Außenstelle der Hohen Schule der Partei (Institut zur Erforschung der Judenfrage in Frankfurt/Main) wie des Auslandes gefunden hat. Auch der verstorbene Herr Reichsminister für die kirchlichen Angelegenheiten hat aus dieser Sachlage heraus in einem Empfang der Institutsleitung noch kurz vor seinem Tode die Notwendigkeit einer solchen Zeitschrift erkannt und von sich aus in Aussicht gestellt, daß er sich persönlich um die Ermöglichung einer solchen bemühen würde.« (545)

Doch der Erfolg blieb aus. Am 12. Juni 1941 teilte das »Reichsministerium für Volksaufklärung und Propaganda« dem Institut mit, dass aufgrund der »bekannten Schwierigkeiten in der Papierbeschaffung« der Antrag abgelehnt werden müsse und ein neuer Antrag wohl »erst wieder nach Beendigung des Krieges Aussicht auf Erfolg haben« könne.

Auch wenn damit die Bemühungen um eine Institutsfachzeitschrift endgültig scheiterten, betrafen die Druckbeschränkungen nicht alle Publikationen, die vom Institut herausgegeben wurden. Diese konnten noch bis ins Jahr 1943 hinein erscheinen. Im November 1940 verfasste der stellvertretende Geschäftsführer und Leiter des Institutswerbekreises Pich eine Auflistung von Institutsveröffentlichungen, die ein entsprechendes Verzeichnis ergänzen sollte, das bereits im August 1940 für einen an der Institutsarbeit interessierten Personenkreis erstellt worden war. Darin führte Pich folgende Institutsschriften auf, die bis zu diesem Zeitpunkt bereits erschienen waren oder deren Veröffentlichung kurz bevorstehen sollte:

1. *Die Botschaft Gottes. Das Volkstestament der Deutschen.*
2. *Erich Fromm: Das Volkstestament der Deutschen, Ein Geleitwort zu der vom »Institut zur Erforschung des jüdischen Einflusses auf das deutsche kirchliche Leben« herausgegebenen Botschaft Gottes.*
3. *Walter Grundmann: Wer ist Jesus von Nazareth?*
4. *Max-Adolf Wagenführer: Die Bedeutung Christi für Welt und Kirche, Studien zum Kolosser und Epheserbrief.*
5. *Heinz Erich Eisenhuth (Hg.): Die Bedeutung der Bibel für den Glauben*
   (angekündigt für Frühjahr 1941).
6. *Deutsche mit Gott, Ein deutsches Glaubensbuch (angekündigt für Ostern 1941).*
7. *Zweibändiges Religionsbuch von Walter Grundmann und Wilhelm Bauer*
   1. Band: Deutsche Frömmigkeit, ihr Wesen und ihre Erscheinung (angekündigt für Ende 1940)
   2. Band: Religionsunterricht in der deutschen Schule (angekündigt für Anfang 1941).
8. *Verbandsmitteilungen Nr. 1 vom 30. 12. 1939.*
9. *Walter Grundmann, Die Entjudung des religiösen Lebens als Aufgabe deutscher Theologie und Kirche, Vortrag zur feierlichen Eröffnung des Instituts zur Erforschung und Beseitigung des jüdischen Einflusses auf das deutsche kirchliche Leben.*
10. *Hans Pohlmann, Der Gottesgedanke Jesu als Gegensatz gegen den israelitisch-jüdischen Gottesgedanken.*

Wegen fehlender Papiergenehmigungen erschienen während der Kriegszeit und sonstigen Druckbeschränkungen weder das von Eisenhuth zusammengestellte Sammelwerk: »Die Bedeutung der Bibel für den Glauben« noch die von Grundmann und

Bauer geplante zweibändige Veröffentlichung für den Religionsunterricht. Neben den anderen von Pich angeführten Schriften erschienen in der Folgezeit noch folgende Institutspublikationen:

1940
Christentum und Judentum, Sitzungsberichte zur ersten Jahrestagung in Wittenberg.
Walter Grundmann, Jesus der Galiläer und das Judentum.
Wolf Meyer-Erlach, Der Einfluß der Juden auf das englische Christentum.

1941
Johannes Leipoldt, Jesu Verhältnis zu Griechen und Juden.
Johannes Hempel, Die Aufgabe von Theologie und Kirche von der Front her gesehen.

1942
Germanentum, Christentum und Judentum. Zweiter Band, Sitzungsberichte der zweiten Arbeitstagung des Instituts.
Johannes Leipoldt, Der Tod bei Griechen und Juden.
Walter Grundmann und Karl Friedrich Euler, Das religiöse Gesicht des Judentums.

1943
Walter Grundmann, Hugo Odeberg und Wolf Meyer-Erlach, Die völkische Gestalt des Glaubens.
Germanentum, Christentum und Judentum. Dritter Band, Sitzungsberichte der dritten Arbeitstagung des Instituts.

Aus einem Schreiben von Dungs vom 12. Januar 1943 geht zudem hervor, dass im Jahre 1943 noch folgende Institutspublikationen druckfertig vorlagen:

Ein Lebensgeleitbuch von Wilhelm Bauer mit dem Titel »Ruf des Lebens« (geplante Auflage 2500 Exemplare), eine weitere Monografie von Johannes Leipoldt mit dem Titel »Volkstum und Rasse in der Frühgeschichte der Kirche« (2000 Exemplare), eine Schrift von Heinz-Erich Eisenhuth über »Vererbung und Freiheit, eine kritische Untersuchung zur Erbsündenlehre« (2000 Exemplare) und eine Monografie von Karl-Friedrich Euler mit dem Titel »Hebräer, Israeliten, Juden« (10.000 Exemplare).

Allerdings wurden entsprechende Papieranträge trotz beigefügter Empfehlungen durch das Reichskirchenministerium abschlägig beschieden oder erst gar nicht bearbeitet, so dass die Publikationen nicht erscheinen konnten. Das gleiche Schicksal ereilte auch weitere geplante Institutsveröffentlichungen: Wie aus dem bereits erwähnten Arbeitsbericht 1942/43 des Instituts aus dem Jahr 1944 hervorgeht, wurden auch die Vorträge der zweiten Weißenfelser Institutstagung 1942 und die auf den Tagungen des erweiterten wissenschaftlichen Beirates des Instituts in Halberstadt 1943 und Eisenach 1944 gehaltenen Vorträge für den Druck vorbereitet.[19] Außerdem hatte Eisenhuth noch im Jahre 1944 einen Sammelband des von ihm geleiteten Spinoza-Arbeitskreises zusammengestellt. Wenn auch seit Ende 1943 vom Institut selbst keine Schriften aus den dargelegten Gründen mehr publiziert werden konnten, wurden dennoch zwei weitere Aufsätze in anderen Zeitschriften veröffentlicht: Bereits im September 1943 erschien in der Zeitschrift »Weltdienst. Internationale Korrespondenz zur Aufklärung über die Judenfrage«, die unter dem Einfluss von Alfred Rosenberg stand, ein Aufsatz Georg Bertrams mit dem Titel »Vom Wesen des Judentums«. Ferner wurde ein Vortrag Grundmanns über »Mendelssohn und Hamann« Anfang 1944 in der Zeitschrift »Weltkampf. Die Judenfrage in Geschichte und Gegenwart«, dem Publikationsorgan des »Instituts zur Erforschung der Judenfrage«, dem von Alfred Rosenberg geleiteten »Entjudungsinstitut«, veröffentlicht.

Rechnet man alle erschienenen und geplanten Institutsveröffentlichungen zusammen, so kommt man auf eine Anzahl von etwa 30 Publikationen. Hinzu gezählt werden müssen noch Arbeiten, die in den entsprechenden Arbeitskreisen des Instituts bereits konzipiert waren, aber bis 1945 nicht fertiggestellt werden konnten, wie etwa eine »Geschichte Gottes mit den Deutschen«, die das Alte Testament ablösen sollte. Die große Anzahl der vom Institut in relativ kurzer Zeit herausgegebenen, druckfertig gestellten und geplanten Schriften bestätigt den enormen Arbeitseinsatz der Institutsmitarbeiter, den diese trotz der kriegsbedingten Beschränkungen für die »Entjudung von Theologie und Kirche« aufbrachten.

3.4 *»Es ist eine Frage der Wahrhaftigkeit auch in der Kirche [...], den jüdischen Einfluß zu erforschen«* – Die Arbeitsgliederung und Tagungen des »Entjudungsinstituts«

Bereits kurz nach der Eröffnung des Instituts gingen die Institutsgründer daran, die von Walter Grundmann in seiner Konzeption vom November 1938, im Satzungsentwurf vom April 1939 und der Eröffnungsrede vom Mai 1939 gemachten Vorschläge zur Arbeitsstruktur des Instituts umzusetzen. Für die umfangreichen Aufgaben musste die Institutsleitung zunächst einmal Mitarbeiter suchen. Tatsächlich gelang es bis Ende 1939 einen Stab von ca. 90 Personen zu gewinnen, darunter Pfarrer, Kirchenführer und bekannte Universitätsprofessoren. Nachdem Anfang 1940 auch die Satzungen des Instituts verabschiedet waren, konnte die Mitarbeiterzahl bis Ende 1941 auf ca. 180 Personen verdoppelt werden. Der großen Anzahl an zum Teil angesehenen Wissenschaftlern, die sich zur Mitarbeit im Institut bereitfanden, kommt eine besondere Verantwortung für dessen Arbeit zu.[20] Sie verschafften dem Institut nicht nur wissenschaftliches Renommee, sondern durch ihre Vorträge und Publikationen wurden auch junge Wissenschaftler für die Institutsmitarbeit interessiert und Förderer der Institutsarbeit gewonnen. Die vielen Akademiker, die sich zur Mitarbeit im Institut bereitfanden, dokumentieren, dass es sich bei dem »Entjudungsinstitut« längst nicht mehr nur um eine exklusive Forschungseinrichtung der Thüringer DC handelte, sondern vielmehr inzwischen der Anspruch vertreten wurde, avantgardistisch eine Vorreiterrolle für die theologische Wissenschaft im nationalsozialistischen Deutschland zu spielen.

Die vielfältigen Forschungsgebiete, die zu einer in den Verbandsmitteilungen veröffentlichten Arbeitsgliederung des Instituts zusammengefasst wurden, sollten in Arbeitsgemeinschaften und Einzelarbeiten verrichtet werden. Dazu wurde die Arbeit des Instituts zum einen in praktische Aufgabenbereiche unterteilt, die direkt auf die religiöse Praxis wie den Gottesdienst oder das religiöse Leben des deutschen Volkes zielten, und zum anderen in wissenschaftliche Aufgabengebiete, die mit neuen Erkenntnissen die praktische Arbeit des Instituts untermauern sollten. Die wissenschaftlichen Aufgabengebiete wurden ab Ende 1939 noch einmal in »prinzipielle« und »historisch-genetische Untersuchungen« differenziert. Die Forschungsarbeit erfolgte in Arbeitskreisen, die entweder ein Gemeinschaftsprojekt verfolgten oder von Zeit zu Zeit zusammenkamen, um die für ein übergeordnetes Forschungsgebiet erarbeiteten Einzelergebnisse zusammenzutragen und sich gegenseitig auszutauschen. Das Arbeitsgebiet für die Gemeinschaftsarbeit in den Arbeitskreisen wurde durch die Institutsleitung vorgegeben. Die Koordinierung der Arbeitskreistreffen unter dem Vorsitz eines Arbeitskreisleiters erfolgte durch den wissenschaftlichen Beirat, der vom Leiter des Arbeitskreises über die Geschäftsstelle ständig über den Fortgang der Arbeit informiert wurde. Für bestimmte Spezialthemen vergab das Institut zusätzlich Forschungsaufträge, für die der wissenschaftliche Beirat mit seinem Leiter Grundmann oder ein Leiter eines Arbeitskreises zuständig waren. Forschungsaufträge konnten sowohl in Gemeinschaftsarbeit als auch durch einzelne Mitarbeiter bearbeitet werden. Der wissenschaftliche Beirat kam zu regelmäßigen Sitzungen zusammen, um neue Arbeitsgebiete zu verteilen und den Fortgang der Arbeit zu prüfen. Da die Mitarbeiter des Instituts teilweise sehr weit voneinander entfernt wohnten, fanden die Treffen der Arbeitskreise nicht zwingend in Eisenach, sondern auch an anderen Orten statt. Schon Ende 1939 waren 26 Arbeitskreise und Forschungsaufträge vom wissenschaftlichen Beirat und den Leitern der Arbeitskreise gebildet bzw. vergeben worden, wie aus den Verbandsmitteilungen hervorgeht. Damit hatte sich die Arbeitsgliederung des Instituts acht Monate nach dessen Gründung bereits um zwölf neue Forschungsgebiete erweitert, denn die Institutsleitung hatte vor der Gründung im April 1939 lediglich 14 Arbeitskreise vorgesehen. Die Arbeitsgliederung des Instituts wurde aber auch nach 1939 weiter ausgedehnt, indem neue Arbeitsgemeinschaften mit weiteren Forschungsvorhaben gebildet wurden.

Ende 1941 benannten die Verbandsmitteilungen insgesamt bereits 43 Forschungsaufträge und Arbeitskreise.[21]

Über die Tätigkeiten in den Arbeitsbereichen und die Anzahl der Treffen der Arbeitsgemeinschaften lassen sich zum Teil nur ungenaue bis gar keine Aussagen treffen, da Sitzungsprotokolle der Treffen oder die Forschungsergebnisse nach dem Krieg verloren gegangen sind. Mit der Erweiterung der Arbeitsgliederung des Instituts seit Ende 1939 ergibt sich zusätzlich das Problem, dass auch eine Angabe der Mitarbeiter und der Arbeitsgebietsleiter zum Teil nicht möglich ist. Weder erlauben die Übersichten in den Verbandsmitteilungen eine direkte Zuordnung der Mitarbeiter zu den Arbeitsgebieten noch gibt es Anhaltspunkte aus dem erhaltenen Archivmaterial. Es lässt sich sogar bei einigen angeführten Gebieten noch nicht einmal mit Sicherheit sagen, ob überhaupt Forschungsarbeiten durchgeführt wurden, da der Beginn der Tätigkeit ab September 1939 wegen der Einberufung der Mitarbeiter zum Kriegsdienst zum Teil verschoben werden musste und vermutlich teilweise auch bis Kriegsende nicht wieder aufgenommen wurde. Aufschluss über die Tätigkeit des Instituts geben die erhaltenen Sitzungsprotokolle der Arbeitskreise, die Tagungen und Publikationen des Instituts sowie unterschiedliche Arbeitsberichte, welche die Institutsleitung in den Jahren 1939 bis 1945 anfertigte.

Obwohl es in den Verbandsmitteilungen von Ende 1939 den Anschein hat, als ob in allen Arbeitsgemeinschaften die »Entjudungstätigkeit« bereits begonnen habe, gab es anfangs in einigen Arbeitsbereichen noch Probleme, da nach Kriegsausbruch wesentliche Mitarbeiter für die Arbeitsgebiete des Instituts zum Wehrdienst eingezogen wurden. Doch diese Ausfälle konnten offenbar kompensiert werden, wie aus einem Arbeitsbericht Grundmanns in den Ende 1940 erschienenen Verbandsmitteilungen des Instituts hervorging:

> »Wir haben während des Krieges die begonnene Arbeit nicht aufgegeben und ruhen lassen, vielmehr haben die in der Heimat gebliebenen Mitarbeiter ihre Tätigkeit nicht nur fortgesetzt, sondern verstärkt, in der Erkenntnis, daß die einmal in Angriff genommene Aufgabe keinen Aufschub duldet und um des deutschen Volkes und seiner Fragen willen notwendig ist.« (564)

Bei ihren »Entjudungsarbeiten« schreckten die Institutsmitarbeiter auch nicht davor zurück, auf Material zurückzugreifen, das verfolgten jüdischen Menschen geraubt worden war, wie aus einem Briefwechsel von Grundmann mit dem im jüdischen Überwachungsdienst tätigen Wilken, der zunächst als Institutsgeschäftsführer vorgesehen war, hervorgeht. Am 30. Oktober 1939 teilte Wilken Grundmann zunächst noch mit, dass er entsprechendes Material leider an das »Institut zur Erforschung der Judenfrage« habe abgeben müssen und mit einer Rückgabe vor Kriegsende nicht zu rechnen sei. Allerdings erblickte Wilken zu diesem Zeitpunkt bereits eine neue Möglichkeit, an Forschungsmaterialien für das kirchliche »Entjudungsinstitut« zu kommen:

> »Nach der Durchsicht der jüdischen Bibliotheken, die in Polen erobert sind, denke ich, dass hier sehr sehr viel noch herauskommen wird, da die jüdische Universitätsbibl. vor ca. 2 Jahren nach Polen in Sicherheit gebracht worden ist. Ich hoffe, dass ich bald in enge Berührung mit diesen Bibliotheken kommen werden [sic!]. Die entsprechenden Anträge sind gestellt. Ich warte jeden Tag auf Bescheid.« (465)

Wahrscheinlich gelang es Wilken tatsächlich, an die gestohlenen Unterlagen aus den okkupierten Gebieten heranzukommen, denn am 30. Mai 1940 schrieb Grundmann an den Institutsmitarbeiter Paul Fiebig, der sich nach Literatur für seine talmudischen Forschungen erkundigte:

> »Zu dem Anliegen Ihres Briefes betreffend hebräischer Bücher in Deutschland und Polen bin ich durch einen Bekannten, der in diesen Dingen Bescheid weiß, dahin orientiert, daß die wertvolle und wissenschaftliche Literatur sichergestellt ist und ausgewertet wird.« (466)

Diese Äußerungen belegen in erschreckender Weise, dass die Mitarbeiter des »Entjudungsinstituts« von der Plünderung jüdischen Besitzes in Deutschland und in den im Zweiten Weltkrieg besetzten Gebieten profitieren wollten, um ihren Forschungsdrang im Hinblick auf eine »Entjudung« von Theologie und Kirche zu befriedigen.

Im September 1941 verfasste Grundmann einen Arbeitsbericht für die Mitarbeiter des Instituts. In einer Übersicht über die Forschungs- und Gestaltungsarbeit des Instituts stellte er darin Forschungsgebiete heraus, die in Arbeitskreisen und Forschungsaufträgen, literarischen Veröffentlichungen sowie wissenschaftlichen Vorträgen im Jahre 1941 vom Institut bearbeitet wurden. Bibelwissenschaftlich geforscht werde, so Grundmann, zur Frage nach der Person Jesu, nach den Anfängen des Christentums und zum Palästinaproblem. Daneben ständen Forschungen zu Fragen des Katholizismus, zur germanisch-deutschen Glaubensgeschichte, zur deutschen Frömmigkeit und zum Gebiet der Seelsorge und des Kultus im Mittelpunkt des Interesses. Der angesprochene Institutsarbeitskreis für katholische Fragen hatte sich am 3. Juni 1941 unter der Leitung von Dr. Georg Ohlemüller in Weimar konstituiert. Nach dem Tode Ohlemüllers übernahm Pfarrer Karl Dungs, der Bruder des Pressechefs der Thüringer DC, die Leitung dieses Arbeitskreises. Die Fachabteilung »Katholische Kirche« der »Nationalkirchlichen Einung DC«, die seit dem 15. August 1938 bestand, arbeitete eng mit dem Institutsarbeitskreis für katholische Fragen zusammen. Sie zielte auf die Errichtung einer überkonfessionellen Nationalkirche unter Einbeziehung des deutschen Katholizismus ab, indem katholische Basisgruppen im Sinne der DC-Ideologie bekehrt werden sollten. Während der verstärkten Zusammenarbeit der Fachabteilung mit dem Institutsarbeitskreis rückte zunehmend auch die »Judenfrage« in den Mittelpunkt des Arbeitsinteresses. Neben diesen Gemeinschaftsprojekten nationalkirchlich orientierter Protestanten und Katholiken kam es ferner im Institutsarbeitskreis »Liturgie, Kult und Kunst« zu einer Zusammenarbeit von Theologen und Fachleuten im Bereich der Musik. Dieser Arbeitskreis, in dem »das Problem der liturgischen Gestaltung« der »DC-Gottesfeiern« bearbeitet wurde, war aus dem Arbeitskreis »Liturgik und Feiergestaltung« hervorgegangen.

Ein weiterer Schwerpunkt der Institutsarbeit lag 1941 in der Erforschung von spezifischen Ausprägungen einer vermeintlich historisch gewachsenen germanisch-deutschen Frömmigkeit. Zum Forschungsgebiet der germanisch-deutschen Glaubensgeschichte und deutschen Frömmigkeit entstanden bis zum September 1941 der Arbeitskreis »Archiv deutscher Frömmigkeit« und der Forschungsauftrag »Das völkische Jesusbild«. Der Forschungsauftrag »Volkskunde« wurde in einen Arbeitskreis »Deutsche Frömmigkeit« umgewandelt, in dem es um die

Erforschung sowohl der altgermanischen Frömmigkeit als auch der ersten Begegnung der Germanen mit dem Christentum und der Frömmigkeitsgeschichte der Nachfolgevölker der Germanen gehen sollte. In einem Arbeitsbericht 1942/43 beschrieb Bertram die Arbeitsausrichtung in diesem Forschungsbereich des Instituts:

> »Ausgangspunkt ist die Erkenntnis, daß der Schlüssel zur Religionsgeschichte die Rassenkunde ist. Sie führt zur sicheren Ausschaltung des Judentums; sie dient der Erkenntnis der völkischen Eigenständigkeit der verschiedenen Christentümer auf abendländischem Boden, und sie sichert die Einsicht in Art und Wesen der germanisch-deutschen Frömmigkeit, die in Christus ihren Heiland, den Anfänger und Vollender ihres Glaubens erkannt hat.« (571 f.)

Im »Archiv deutscher Frömmigkeit«, das auf lange Sicht angelegt war und ein Arbeitsangebot speziell für deutsche Pfarrer sein sollte, wurden zu diesem Zweck »Äußerungen führender deutscher Männer« über Christentum, Religion und Frömmigkeit zur Erforschung einer spezifisch germanisch-deutschen Religiosität gesammelt. Gemeinsam war allen Bemühungen zur Erforschung einer spezifisch germanisch-deutschen Frömmigkeit, dass eine Lücke geschlossen werden sollte, welche die Ablösung des Alten Testaments hinterließ:

> »Die Bedeutung, die das Alte Testament gehabt hat, kann nicht durch eine Abschaffung verneint werden, vielmehr muß deutlich werden, daß das Alte Testament eine solche Bedeutung, wie es sie gehabt hat, nur gewinnen konnte, weil eine Lücke vorliegt. Deshalb muß das Alte Testament in einer positiven

> Weise abgelöst werden durch eine Geschichte Gottes mit den Deutschen und der Deutschen mit Gott.« (572)

Die Ablösung des Alten Testaments durch eine spezifisch deutsche Glaubensgeschichte sollte allerdings nicht nur im Rahmen der Forschungsarbeit des Instituts erfolgen, sondern sie betraf auch die Gestaltungsarbeit des Instituts. So führte Grundmann in seinem Arbeitsbericht vom 16. September 1941, neben den bereits zu diesem Zeitpunkt fertiggestellten, die kirchliche und religiöse Praxis betreffenden Arbeiten, die umfassende Planung eines Werkes zur religiösen Sicht der deutschen Geschichte an. In einem Arbeitskreis »Die Geschichte Gottes mit den Deutschen und der Deutschen mit Gott« sollten Dichter und Theologen gemeinsam an einer »deutschen Helden- und Heiligenlegende« als Leitbild und Ideal für das religiöse Leben arbeiten. Der erste Band, ein Kinderbuch, sollte Sagen, historische Geschichten, Erzählungen aus der Heimat und eine Jesusgeschichte enthalten. Der zweite Band war als ein Jugendbuch mit Lebensbildern deutscher Männer und Frauen konzipiert. Ein Familien- und Feierbuch mit der Gottesgeschichte war als dritter Band geplant, und der letzte Band sollte aus einem »deutschen Psalter« bestehen. Leiter dieser »Arbeitsgemeinschaft berufener deutscher Dichter« war der völkische Dichter und Schriftsteller Wilhelm Kotzde-Kottenrodt. Dieser unternahm 1942 Reisen nach Freiburg, Hamburg, Lübeck, Schwerin, Berlin, Nürnberg und Salzburg, um Besprechungen mit Dichtern zu führen, welche die geplante große »Geschichte Gottes mit den Deutschen« verfassen sollten. Allerdings wurde die Arbeit an der »deutschen Helden- und Heiligenlegende« bis 1945 nicht fertiggestellt. (572 f.) Die geplante Beseitigung des Alten

Testaments stellte das Institut noch vor weitere neue Aufgaben:

> »Wir sind alle der Überzeugung, daß die at.-lich-jüdische Geschichte für deutsche Menschen unverbindlich ist, und wir überlassen alle Beschäftigung mit ihr der exakten at.lichen Wissenschaft. Der Grund, weshalb wir vom volksseelsorgerischen Standpunkt aus die at.liche Frage überhaupt für diskutabel halten, ist ein religiöser: es läßt sich nicht leugnen, daß Worte aus dem AT, sofern sie religiös wertvoll sind und das typisch Jüdische vermissen lassen, deutschen Menschen je und je Kraft und Trost gespendet haben.« (583)

Demnach sollte Hauptaufgabe eines weiteren Arbeitskreises sein, »ansprechende Stellen« des Alten Testamentes in der Übersetzung Martin Luthers nach folgenden Auswahlkriterien zusammenzustellen:

> »1. Worte, die, soweit sie in einem größeren Zusammenhang, etwa einer Erzählung stehen, ohne weiteres verständlich sind, also aus ihrem Zusammenhang gelöst werden können.
> 2. Worte, die nicht typisch Jüdisches, auch keine jüdischen Symbolnamen aufweisen.
> 3. Worte, die religiöse Wahrheiten ausdrücken, wie sie u. U. im NT nicht so klassisch formuliert sind.
> 4. Psalmen und Psalmenstücke in einer uns vollkommen ansprechenden Gestalt.« (583 f.)

Im Januar 1942 traf sich außerdem noch ein »Arbeitskreis für die theologische und religionswissenschaftliche Grundlegung der Institutsarbeit«, der von den Mitarbeitern des Instituts auf einer Mitarbeiterbesprechung im September 1941 gefordert worden war. Der Arbeitskreis sollte fortan unter anderem untersuchen, inwieweit das »gegenwärtige kirchliche Christentum« noch »religiöse Heimat der deutschen Menschen« sein könne und in der »unchristlichen Gottlosigkeit unserer Zeit« ein »Zugang zu einer neuen uns weithin verlorengegangenen religiösen Erlebnissphäre« möglich sei. Dieser Arbeitskreis ist als eine Antwort des Instituts an die zunehmenden Maßnahmen der »Entkonfessionalisierung des öffentlichen Lebens« zu verstehen. Grundmann stellte heraus, dass »in unserem Volke eine unerkannte und unbekannte Gemeinde« wachse, »in der die neue Form des Religiösen Gestalt gewinnt« und im Vergleich zu der die »Bewegung der Deutschen Christen« »bestenfalls eine Vorläufererscheinung« sei. (587)

Kurz vor seiner Einberufung im März 1943 wandte sich Grundmann mit einem dreiseitigen Schreiben an die Förderer des Instituts, um nach der Einstellung des Erscheinens der Verbandsmitteilungen über die Arbeit des Instituts zu berichten. Grundmann stellte heraus, dass seit der Gründung des Instituts bisher »unter schwersten Verhältnissen Bedeutsames geleistet und ein Weg in eine neue Gestalt des deutschen religiösen Lebens aufgewiesen« worden sei, obwohl in den Arbeitsgebieten nur ein »Bruchteil der Mitarbeiter«, der sich zur Mitarbeit im Institut bereitgefunden hatten, wegen des Kriegseinsatzes auch tatsächlich tätig geworden sei. Zwei Forschungsgebiete würden seit dem Erscheinen der letzten Verbandsmitteilungen den Schwerpunkt der Institutsarbeit bilden:

»An die Stelle der heilsgeschichtlichen Verbindung des in Christus aufleuchtenden Gottesgeheimnisses mit der alttestamentlich-jüdischen Heilsgeschichte tritt für uns die klärende Erkenntnis unserer großen germanischen Geschichte und der nachchristlichen Geschichte der germanischen Völker.

[...] Neben dieser Arbeit wurde im Laufe des letzten Jahres eine zweite Frage immer mehr in den Vordergrund gerückt, die sich besonders in dem fruchtbar arbeitenden Spinoza-Arbeitskreis konzentrierte. Die ersten Arbeiten des Instituts haben vor allen Dingen dem Problem des Verhältnisses von Christentum und Judentum in seinem Ursprung gegolten und haben die gegenjüdische Art der Erscheinung Jesu deutlich werden lassen.

[...] Darüber hinaus hat nun vor allem die Arbeit des erwähnten Spinozaarbeitskreises ein neues wesentliches Element gezeitigt, als die Frage nach dem jüdischen Einfluß auf das deutsche Glaubensleben im 18. und 19. Jahrhundert gestellt wurde.

[...] Die weitaus meisten Schlagworte im Kampf gegen die in Christus erscheinende und von ihm verwirklichte Gottmenschbeziehung der Sohnschaft Gottes entstammen nicht einer sich durchhaltenden germanischen Glaubenslinie, die vielmehr in ihr eine wesentliche Erfüllung ihrer selbst fand, sondern dem Waffenarsenal des modernen Judentums.« (587f.)

Abgesehen von Arbeiten an einem »Theologischen Wörterbuch Deutsch«, die seit 1944 in Eisenach von Bertram vorangetrieben wurden und bei denen bis Kriegsende eine Kartei von 30 Zettelkästen bis zum Buchstaben G vorlag, entstanden ab 1943 keine neuen Arbeitsgebiete mehr. Bereits am 13. Mai 1943 hatte Dungs in einem Schreiben an die Mitarbeiter des Instituts auf die kriegsbedingten Schwierigkeiten bei der weiteren Durchführung der Institutsarbeit aufmerksam gemacht und vermehrte Anstrengungen gefordert:

> »Die Arbeit unseres Institutes hat trotz aller in den Kriegsverhältnissen bedingten Schwierigkeiten fortlaufend und in wachsendem Maße gute Fortschritte gemacht. Soll sie aber auch in dem gegenwärtigen und künftigen Zeitabschnitt des totalen Krieges bei den dadurch bedingten kriegswirtschaftlichen, personellen und arbeitsmäßigen Entwicklungen gesichert bleiben, so erfordert sie bei dem immer kleiner werdenden, sie tragenden, noch in der Heimat vorhandenen Personalkreis und der nicht zu vermeidenden Einschränkung der technischen Arbeitsmöglichkeiten eine starke, der derzeitigen Lage entsprechende kriegsmäßige Zusammenraffung und Konzentration aller Kräfte und Möglichkeiten.« (589)

Um die Ergebnisse der einzelnen Arbeitsgemeinschaften einer breiten Öffentlichkeit vorzustellen, veranstaltete das »Entjudungsinstitut« eine Reihe von Tagungen, auf denen die Institutsmitarbeiter die Ergebnisse ihrer Forschungen vorstellten. Die Institutstagungen standen somit in der Tradition der Tagungen der Thüringer DC, deren Funktion zur Ausrichtung der DC-Anhänger und zur Schulung der Mitglieder sie in der Kriegszeit zum Teil mit übernahmen, da die Veranstaltungen der »Nationalkirchlichen Einung DC« mit zunehmender Kriegsdauer immer schwieriger durchzuführen waren und deshalb seltener wurden. Von ihrem Anspruch her wollten die Tagungen des Instituts jedoch mehr als bloße Schulungen sein. Die Institutsleitung zielte darauf ab, das »Entjudungsinstitut« zu dem führenden wissenschaftlichen Forschungsinstitut innerhalb der Deutschen Evangelischen Kirche zu machen. Zu diesem Zweck betonte man bereits 1939 den gruppenübergreifenden Charakter des Instituts, der über die Zielgruppe der Deutschen Christen hinaus weite kirchliche

Kreise ansprechen sollte. Am 6. und 7. Juli 1939 fand in Eisenach die erste Institutstagung für die Referenten der am Institut beteiligten Landeskirchen statt. Um die hochgesteckten Ambitionen zu unterstreichen, veranstaltete das Institut in den Folgejahren seit 1940 für die Institutsarbeit repräsentative Jahrestagungen, auf denen Vorträge gehalten wurden, die die Ergebnisse aus den einzelnen Arbeitsgebieten vorstellten. Auch diese Idee war nicht neu: So veranstaltete etwa die »Forschungsabteilung Judenfrage« des staatlichen »Reichsinstituts für die Geschichte des neuen Deutschlands« bereits seit 1936 ähnliche Jahrestagungen. Ebenso wie die »Forschungsabteilung Judenfrage« gab auch das Eisenacher »Entjudungsinstitut« Sitzungsberichte zu den einzelnen Jahrestagungen der Jahre 1940 bis 1942 heraus. Eingeladen zu den Jahrestagungen wurden die Mitarbeiter, Förderer und alle, die Interesse an der Institutsarbeit bekundeten. Die erste Jahrestagung des Instituts fand vom 1. bis 3. März 1940 in Wittenberg statt. Die dort gehaltenen Vorträge wurden in der Publikation »Christentum und Judentum« noch im gleichen Jahr veröffentlicht. Einen Höhepunkt bei den Besucherzahlen erreichte man mit der Jahrestagung 1941 in Eisenach, die 600 Teilnehmer besuchten. Auch die dort gehaltenen Vorträge wurden publiziert. Sie finden sich in der Veröffentlichung »Germanentum, Christentum und Judentum, Zweiter Band«. Die letzte Jahrestagung des Instituts fand im Juni 1942 in Nürnberg statt. Auch zu dieser Jahrestagung wurden im Frühjahr 1943 wiederum Sitzungsberichte unter dem Titel »Germanentum, Christentum und Judentum, Dritter Band« herausgegeben. Die Diktion der Vorträge und Publikationen wurde bewusst einfach gehalten, um Interessenten nicht mit einer allzu wissenschaftlichen Sprache abzuschrecken. Die Sitzungsberichte der

Tagungen und alle Institutspublikationen wurden zudem preisgünstig angeboten. Über die Jahrestagungen hinaus erfolgte vielfältige Vortragstätigkeit der Institutsmitarbeiter in den deutsch-christlichen Gemeinden. Die Institutsarbeit erschien durch die große Zahl von Akademikern und anerkannten Professoren theologisch seriös und durch die Mitarbeit der Kirchenleitungen auch offiziell kirchlich abgesichert. Unter diesen Voraussetzungen konnte ein breites, kirchlich interessiertes Forum angesprochen werden. Darüber hinaus dürfte eine Vielzahl wissenschaftlicher Arbeiten von den Ideen der akademischen Institutsmitarbeiter beeinflusst worden sein. Somit erreichten die Institutsmitarbeiter einen beträchtlichen Anteil des theologisch interessierten Personenkreises, der den Ideen der Deutschen Christen nicht von vornherein ablehnend gegenüberstand. Ihr Einfluss auf das Denken dieser Menschen, zumal nach 1939 eine kirchliche Opposition fast gänzlich fehlte, darf daher nicht unterschätzt werden. Am 13. Mai 1943 teilte Dungs in einem Brief an die Mitarbeiter des Instituts mit, dass infolge der Verkehrslage die »üblichen großen Hauptarbeitstagungen zur Zeit nicht stattfinden können.« Allerdings traf sich ein erweiterter wissenschaftlicher Beirat des Instituts sowohl vom 1. bis 3. Juni 1943 in Halberstadt als auch vom 22. bis 24. März 1944 in Eisenach noch zu Tagungen, die allerdings keine Breitenwirkung mehr erzielen konnten. (641)

Abb. 16: Büchertisch, Verlag Deutsche Christen

Parallel zu den militärischen Erfolgen der deutschen Wehrmacht im Zweiten Weltkrieg und der Besetzung einer Reihe von europäischen und skandinavischen Ländern durch deutsche Truppen, plante das Eisenacher »Entjudungsinstitut« im Jahre 1941 auf Wunsch Lefflers auch eine Verstärkung der internationalen Vernetzung. Diese sollte nach Vorstellungen Grundmanns in drei »Sektionen« erfolgen. Die »Skandinavische Sektion« sollte Schweden, Dänemark, Norwegen und Finnland umfassen. Die persönlichen Verbindungen von Kotzde-Kottenrodt sollten ferner dazu genutzt werden, in einer weiteren »Sektion Westeuropa« (Benelux-Länder, Nordfrankreich) Kontakte herzustellen. In einer dritten »Sektion Süd-Ost« (Jugoslawien, Bulgarien, Rumänien, Tschechoslowakei, Ungarn, Griechenland) sollten nach Grundmanns Vorstellung ebenfalls bereits bestehende Verbindungen der Theologischen Fakultät Wien nach Rumänien und der Theologischen Fakultät Jena nach Bulgarien und Griechenland genutzt werden. Die

Auslandsarbeit erfolgte demnach nicht »kirchenoffiziell«, sondern gebrauchte bereits bestehende Verbindungen der Wissenschaftler ins Ausland. Als gemeinsame Basis der wissenschaftlichen Arbeit sollte der »Grundgedanke der völkischen Religion« dienen. (617 f.)

Der Aufbau der Auslandsarbeit des Instituts kam am schnellsten in der »Skandinavischen Sektion« zustande, da entsprechende Beziehungen Meyer-Erlachs und Lefflers zu schwedischen Theologen bereits seit dem Jahr 1933 bestanden und sogar schwedische Gäste an der Jahrestagung des Instituts 1941 in Eisenach teilgenommen hatten. Auf Initiative von Hugo Odeberg, Professor für Neues Testament im schwedischen Lund, kam es zur Gründung einer »Arbeitsgemeinschaft für germanische Kulturforschung« (›Odal‹. Samfundet för Germansk Kulturforskning), die seit 1941 mit einer Institutsarbeitsgemeinschaft »Germanentum und Christentum« unter der Leitung Meyer-Erlachs kooperierte. In Weißenfels bei Leipzig fand im November 1941 die erste gemeinsame Tagung des Instituts mit den Forschern der schwedischen Gesellschaft für germanische Kulturforschung statt, die mit vier Dozenten und 19 Studenten nach Weißenfels anreisten. Eine weitere, zweite Weißenfelser Tagung folgte vom 7. bis 13. Oktober 1942. Unter den 97 Teilnehmern befanden sich 14 Professoren und 20 Kirchenleiter. Die Vorträge der ersten Tagung konnten noch unter dem Titel »Die völkische Gestalt des Glaubens« 1943 publiziert werden, die Veröffentlichung der Vorträge der zweiten Weißenfelser Tagung fiel der kriegsbedingten Druckbeschränkung zum Opfer. Eine weitere Institutsaußenstelle bestand seit März 1942 in Hermannstadt (Sibiu), Rumänien. Für diese hatte der »volksdeutsche« Bischof Wilhelm Staedel gesorgt, der ab 1942 auch im Verwaltungsrat des Instituts saß. Die Außenstelle in

Rumänien beschäftigte sich vor allem mit Fragen des praktischen Einsatzes der vom Institut erarbeiteten Forschungsergebnisse.

Die steigende Bedeutung und das Ansehen des Instituts nutzten die Thüringer DC ferner dazu, mit den vermeintlich wissenschaftlichen Erkenntnissen auch kirchenpolitischen Einfluss auszuüben, wie an einem weiteren Beispiel der Institutsarbeit verdeutlicht werden kann. Im Dezember 1941 bereitete die Arbeitsgemeinschaft evangelischer Kirchenleiter ein reichseinheitliches Gesetz zur »Stellung der Juden in der Kirche« vor, der den Ausschluss »rassejüdischer Christen« aus der Kirche bewirken sollte. Diese Maßnahme der DC-Kirchenleiter dürfte wiederum in engem Zusammenhang mit staatlichen Maßnahmen gegen die Juden in Deutschland gestanden haben, diesmal die Kennzeichnungspflicht jüdischer Bürger in Form des Judensterns seit dem 1. September 1941. Eisenhuth veröffentlichte in den Verbandsmitteilungen des Instituts vom 15. Dezember 1941 ein Gutachten »Zur Frage der Beteiligung der Judenchristen am christlichen Gottesdienst«. Dieses Gutachten war von der Arbeitsgemeinschaft evangelischer Kirchenleiter erbeten worden. Eisenhuth kommt in seinem Gutachten zu einem eindeutigen Ergebnis:

> »Judenchristen sind und bleiben nach der Taufe Juden, so daß ihre religiöse Erlebnis- und Äußerungsart stets jüdischen Charakter an sich tragen wird. Die Kennzeichnung der Juden mit dem Judenstern soll das Bewußtsein für die unüberbrückbare Kluft und Trennung zwischen den Rassen wach erhalten. Das deutsche Volk darf nie mehr vergessen, daß es nicht nur in diesem Krieg bestes und edelstes Blut deutscher Menschen hat opfern müssen, weil es gegen die Weltmacht der Juden zu

> kämpfen gezwungen war. Erst die völlige Überwindung des Judentums auf allen Gebieten läßt den deutschen Menschen zu seinem eigenen, von Gott ihm geschaffenen Wesen zurückkommen.« (591)

Aus Luthers Kirchenbegriff und Ständelehre folgert Eisenhuth weiter, dass die Kirche den Kampf des Staates gegen die Juden unterstützen müsse. Auch »Judenchristen« seien Juden, da das Sakrament der Taufe den Menschen weder biologisch noch geschichtlich oder religiös verändern könne. Zur Gemeinschaft der Kirche gelte der Mensch darüber hinaus nicht nur durch die Taufe, sondern auch durch die Geburt. Da auch die »Judenchristen« rassisch Juden seien, könne auch der Einzelne nur als Repräsentant seines Volkes gewertet werden:

> »Wenn daher im großen Abwehrkampf gegen das Weltjudentum auch Härten im einzelnen nicht zu vermeiden sind, so sind doch in den Einzelnen stets die Repräsentanten des Volkes zu sehen, das zu allen Zeiten, auch nach dem Urteil Jesu, von dem Mord und von der Lüge gelebt hat.« (591 f.)

Deshalb müsse die Deutsche Evangelische Kirche nach Auffassung Eisenhuths folgende Konsequenzen ziehen:

> »1. Judenchristen sind als Feinde des Reiches von jeder Form der gottesdienstlichen Gemeinschaft auszuschließen.
> 2. Deutsche Pfarrer dürfen an Judenchristen keine Amtshandlungen vollziehen.
> 3. Von Judenchristen dürfen keine Kirchensteuern erhoben werden.« (592)

Auch eigenständige »judenchristliche« Gemeinden seien nicht akzeptabel, da es sich bei den »Judenchristen« um Feinde des Reiches, demnach auch des Evangeliums, handeln würde. Dem Urteil des vom Eisenacher Institut herausgegebenen Gutachtens folgend, erschien am 17. Dezember 1941 im Thüringer Kirchenblatt eine Bekanntmachung der Kirchenführer aus Sachsen, Nassau-Hessen, Mecklenburg, Schleswig-Holstein, Anhalt, Lübeck und Thüringen, in der die betreffenden Landeskirchen jegliche Gemeinschaft mit »Judenchristen« aufhoben. Als Reaktion darauf erfolgte am 22. Dezember 1941 ein Schreiben der Deutschen Evangelischen Kirchenkanzlei an die obersten Behörden der deutschen Evangelischen Landeskirchen mit der Bitte »geeignete Vorkehrungen zu treffen, daß die getauften Nichtarier dem kirchlichen Leben der deutschen Gemeinde fernbleiben« sollten:

> »Die getauften Nichtarier werden selbst Mittel und Wege suchen müssen, sich Einrichtungen zu verschaffen, die ihrer gesonderten gottesdienstlichen und seelsorgerischen Betreuung dienen können.«

Zusammenfassend bleibt festzuhalten, dass mindestens 43 Forschungsaufträge und Arbeitskreise die Arbeitsstruktur des Instituts ausgemacht haben. An ihnen arbeiteten bis 1941 ca. 180 Mitarbeiter, darunter 24 Universitätsprofessoren von 14 evangelisch-theologischen Fakultäten sowie kirchliche Würdenträger und aufstrebende Gelehrte, die nicht alle allein dem deutsch-christlichen Spektrum zuzuordnen waren.[22] Dies verdeutlicht, wie breit die sogenannte wissenschaftliche Forschung des Instituts angelegt war und wie attraktiv die Mitarbeit im Institut für manchen Theologen und Wissenschaftler gewesen sein muss. Die Mitarbeiterschaft war überwiegend protestantisch und männlich. Ihre Arbeitsergebnisse wurden in Form von Publikationen und Tagungen einer breiten Öffentlichkeit vorgestellt. Geplant waren auch eine Ausstellung »Vergangene Kirche – Kommende Kirche« sowie ein Film zum Thema: »Germanenchristentum«. Die Institutsleitung beabsichtigte, durch eine immer breiter werdende Aufsplitterung der vom Institut bearbeiteten theologischen Disziplinen zu einem Sprachrohr für die gesamte Deutsche Evangelische Kirche zu werden. Sie verfolgte dabei das Ziel, den Einfluss der Forschungseinrichtung stetig zu steigern, um Theologie und Kirche in Deutschland unter dem Deckmantel der Wissenschaft den deutsch-christlich geprägten Vorstellungen anzupassen und diese radikal zu verändern. Der enorme Arbeitseinsatz, noch dazu mitten im Zweiten Weltkrieg, zeigt, wie sehr der Kreis um Grundmann davon überzeugt war, mit den vom Institut angestrebten Reformen den einzig möglichen und richtigen Weg für Theologie und Kirche in der Zeit des Nationalsozialismus zu beschreiten. Man handelte in der Überzeugung, dass die antisemitisch-völkische Theologie auch nach dem Krieg weiter fortgesetzt werden könnte und sah darin die Möglichkeit, eine wie auch immer geartete Form von christlicher Theologie und Religiosität im nationalsozialistischen Staat zu etablieren. Dabei passte man sich der nationalsozialistischen Ideologie an und versuchte in diesem Sinne auch Kirchenpolitik zu betreiben. Eine Reihe der in den Institutsarbeitskreisen tätigen Mitarbeiter standen, wie die Leiter des Instituts selbst, in enger Verbindung zur »Nationalkirchlichen Einung DC«. Ferner übernahm die Institutsleitung aus den Fachabteilungen der Thüringer DC bereits geleistete Vorarbeiten und Ideen für die Institutsarbeitsgebiete, und rekrutierte aus den Mitgliedern der thüringischen DC-Bewegung eine große Anzahl von Förderern der Institutsarbeit. Allerdings fand diese Arbeit auch bei ausgewiesenen und angesehenen Forschern innerhalb der deutschen theologischen Wissenschaft Anklang, die bisher den Thüringer DC ferngestanden hatten. Stellvertretend für deren Motivation, aktiv die Institutsarbeit zu unterstützen, dürfte eine Aussage stehen, die Hermann Werdermann, Professor für Praktische Theologie und Leiter des religionspädagogischen Arbeitskreises, 1942 tätigte:

»Unser Volk ist völkisch erwacht; es ist sich der Bedeutung der Rassenfrage bewußt geworden. Dieser politisch rassischen Selbstbesinnung kann sich keiner, der verantwortlich im Dritten Reich an deutscher Zukunft mitbauen will, entziehen. Es ist eine weltanschauende und mutige Tat, daß christliche Kreise im Jahre 1939 den Entschluß faßten, in freier Selbstverantwortung für das deutsche kirchliche Leben die Folgerungen für Geschichte, Gegenwart und Zukunft daraus zu ziehen. Sie gründeten das eben genannte Institut, das neben und mit den staatlichen Instituten in Frankfurt und Krakau arbeitet. Daß die Rassenfrage hier in Beziehung auf Religion und Kirche so ernst genommen wird, ist keineswegs ein ›Mitmachen‹, weil dies nun einmal zeitgemäß ist, auch nicht ein äußerliches Rücksichtnehmen auf Staat und Bewegung. Wir sind ihnen dankbar, daß sie diese Fragen in Fluß gebracht haben; aber es ist eine Frage der Wahrhaftigkeit auch in der Kirche: negativ gesehen, den jüdischen Einfluß zu erforschen, und positiv gesehen, die rechte deutsche Art christlichen Glaubens und Lebens zu finden.« (590)

3.5 *»Die Botschaft Gottes«, »Großer Gott wir loben dich«, »Deutsche mit Gott« –* Ein »entjudetes« Neues Testament, Gesangbuch und ein »entjudeter« Katechismus für eine »artgerechte« Religionsausübung

Wie Grundmann bereits in seiner Eröffnungsrede angekündigt hatte, standen »Aufgaben praktischer Art«, um Kirche im Sinne eines deutsch-völkischen Christentums zu verändern, neben den wissenschaftlichen Forschungsarbeiten im Zentrum der Institutstätigkeit. Insbesondere durch die Erstellung eines »entjudeten« Neuen Testaments, Gesangbuches und Katechismus für die Verwendung im religiösen Alltag und für den Einsatz in den deutsch-christlichen »Gottesfeiern« versuchte man eine »artgerechte« Religionsausübung voranzutreiben.

Der Arbeitskreis »Volkstestament« hatte schon bald nach der Eröffnung des Instituts seine Arbeit aufgenommen und konnte als einer der ersten Arbeitskreise bereits zu Beginn des Jahres 1940 eine Veröffentlichung präsentieren. Am 19. Februar 1940 erschien als Teilausgabe zunächst eine aus den synoptischen Evangelien zusammengefasste, 110 Seiten starke »Evangelienharmonie« unter dem Titel »Jesus der Heiland«, eine zweite Teilausgabe mit einem umgearbeiteten Johannes-Evangelium sollte folgen. Die Gesamtausgabe mit dem Titel »Die Botschaft Gottes« erschien ebenfalls bereits im Jahre 1940. Im Vorwort zeichnen neben Grundmann und Hunger, die Pfarrer Erich Fromm, Wilhelm Büchner und Heinrich Weinmann als Verfasser verantwortlich. Die Dichterin Lulu von Strauss und Torney, die zweite Frau des Jenaer Verlegers Eugen Diederichs, stand zudem für die sprachliche Beratung zur Verfügung. Bei der Frage nach dem Verlag, in dem »Die

Botschaft Gottes« erscheinen sollte, gab es zunächst noch Unstimmigkeiten. Dungs hatte sogar im Vorfeld gedroht, das Volkstestament in den Druckerzeugnissen des Weimarer Verlages »tot zu schweigen«, wenn diese Veröffentlichung nicht im »Verlag Deutsche Christen« erscheine. Man einigte sich im Sinne des Institutsarbeitskreises aber darauf, »Die Botschaft Gottes« zunächst 1940 im Verlag Georg Wigand drucken zu lassen, da es »eine Hemmung bedeutet für die Verbreitung dieser Arbeit in den Gemeinden, wenn dort der Verlag ›Deutsche Christen‹ unten steht, d. h. dieses Buch, das der Seele des deutschen Volkes dienen will, eingereiht wird in die Reihe von Propagandaschriften.« (651) An dem Verlagskonflikt zeigt sich deutlich, dass das Institut eine gruppenübergreifend orientierte Verbreitung des Volkstestaments und einen Einsatz nicht nur in deutsch-christlichen Gemeinden anstrebte. Die Planungen gingen sogar so weit, dass das Institut eine »Neue Bibelgesellschaft« gründen wollte, um auch das »praktische Problem des AT« zu bearbeiten.

»Die Botschaft Gottes« besteht aus vier Hauptteilen: Die ersten beide Teile umfassen die Evangelienharmonie aus den synoptischen Evangelien unter dem bereits erwähnten Titel »Jesus der Heiland« und das umgearbeitete Johannes-Evangelium unter der Überschrift »Jesus der Gottessohn«. Der dritte Teil, »Jesus der Herr«, wurde aus unterschiedlichen neutestamentlichen Briefen zusammengesetzt, und der letzte Teil, der hauptsächlich aus der Apostelgeschichte und aus Paulusbriefen zusammengefügt worden ist, aber auch Textstellen aus Markus und Lukas enthielt, trägt den Titel »Das Werden der Christusgemeinde«. Die Offenbarung des Johannes wurde wie die übrigen Briefe im dritten Abschnitt, wenn auch zum Teil stark verkürzt, berücksichtigt. Im Vorwort zur »Botschaft Gottes« betonen die Verfasser, dass zwar die Übersetzung des Neuen Testaments von Martin Luther für sie »unantastbar« bleibe, aber dennoch viele deutsche Menschen die »Sprache und Gestalt« der lutherischen Fassung nicht mehr verstehen könnten. Daher hätten die Verfasser die biblischen Stellen so »ausgewählt und übersetzt«, dass die »Gotteswahrheit« aus einer »Weltanschauung« und aus einem »Lebensgefühl«, »die nicht mehr die unsrigen sind«, herausgelöst worden sei. Über die Kriterien der Auswahl und der Übersetzung gibt das Vorwort keine Auskunft. Betont wird, dass sich die »Auswahl und Gestaltung« auf die neueste »religionswissenschaftliche Forschung«, die ihrerseits nicht näher spezifiziert wird, stützen könne. Fromm veröffentlichte zur »Botschaft Gottes« eine Begleitschrift mit dem Titel »Das Volkstestament der Deutschen«, in der er genauer über die Grundsätze informierte. Auch Grundmann veröffentlichte in den Verbandsmitteilungen »grundsätzliche Bemerkungen« zur Bearbeitung des Neuen Testaments, die der Überarbeitung den Anschein von Wissenschaftlichkeit geben sollte. (653 ff.)

Zur Verdeutlichung, wie innerhalb der »Botschaft Gottes« der Bibeltext von den Verfassern verändert wurde, soll hier die Weihnachtsgeschichte (Lk 2,1–21) dienen, mit der die Institutsveröffentlichung auch einsetzt. Die bei Matthäus und Lukas der Geburt Jesu vorangestellten Berichte vom Stammbaum Jesu (Mt 1,1–17), von der Ankündigung und der Geburt Johannes des Täufers (Lk 1,5–25; 57–66), der Ankündigung der Geburt Jesu (Lk 1,26–38) und der Lobgesang der Maria (Lk 1,39–56) fehlen. Lediglich aus dem Lobgesang des Zacharias (Lk 1,67–80) wurden die Verse 76–79 stark verändert aufgenommen und hinter die Weihnachtsgeschichte gestellt. Die Kindesmordgeschichte und die Flucht nach Ägypten

(Mt 2,13–23) fehlt ebenfalls. Demgegenüber wurde die Heimsuchung der Maria (Mt 1,18–25) wegen der unglaubwürdigen Jungfrauengeburt weggelassen. Auf der anderen Seite sind allerdings die Weisen aus dem Morgenland (Mt 2,1–12) trotz ihres legendenhaften Charakters aus Rücksicht auf ihren Bekanntheitsgrad gekürzt in der »Botschaft Gottes« aufgenommen. Die Weihnachtsgeschichte lautet im »Volkstestament«:

> »Es begab sich, daß ein Gebot vom Kaiser Augustus ausging, daß im ganzen Reich eine Volkszählung stattfinde. Sie war die erste und geschah zur Zeit, als Quirinius Landpfleger in Syrien war. Da ging jedermann in die Stadt, in der er gezählt werden sollte. Auch Joseph aus Galiläa von der Stadt Nazareth wanderte nach Bethlehem mit Maria, seiner lieben Frau, die ein Kind unter ihrem Herzen trug. Als sie dort waren, kam ihre Stunde, und sie gebar ihren ersten Sohn, wickelte ihn in Windeln und legte ihn in eine Krippe, denn sie hatten für das Kind sonst keinen Raum in der Herberge.
> Es waren aber Hirten in dieser Gegend auf dem Felde bei den Hürden; sie hüteten des Nachts ihre Herde. Da trat ein Engel Gottes zu ihnen, und hell umstrahlte sie himmlisches Licht, und sie fürchteten sich sehr. Doch der Engel sprach zu ihnen:
>
> ›Fürchtet, euch nicht!
> Siehe, ich verkünde euch große Freude,
> die allem Volke widerfahren soll.
> Denn euch ist heute der Heiland geboren:
> Christus der Herr.
> Und das habt zum Zeichen:
> In einer Krippe werdet ihr finden
> in Windeln gewickelt ein Kind.‹

Alsbald war da bei dem Engel die Menge der himmlischen Heerscharen, die lobten Gott und sprachen:

›Ehre sei Gott in der Höhe,
und Friede auf Erden den Menschen,
die Gott sich erkor.‹

Als die Engel von ihnen zum Himmel entschwanden, sprachen die Hirten untereinander: ›Auf, laßt uns gehen nach Bethlehem und schauen das große Geschehen, von dem Gott uns Kunde gab!‹ Sie kamen eilend und fanden beide, Maria und Joseph, und in der Krippe das Kind. Und als sie es geschaut hatten, erzählten sie alles, was sie von dem Kinde vernommen hatten. Alle, die es hörten, staunten über die Kunde der Hirten. Maria aber behielt alle diese Worte und bewegte sie in ihrem Herzen. Die Hirten kehrten wieder um, lobten und dankten Gott für alles, was sie gehört und gesehen hatten; war doch alles so, wie es ihnen verkündet worden war.
Das Kind bekam den Namen Jesus.« (672)

Erst bei näherem Hinsehen erschließen sich die Veränderungen, welche die Verfasser an der Weihnachtsgeschichte vorgenommen haben, da sie geschickt einzelne Verse der lukanischen Fassung unverändert ließen. Die erste gravierende Veränderung lässt sich in den Versen 3 und 4 finden: Luther übersetzt in Vers 3: »Und jedermann ging, daß er sich schätzen ließe, ein jeder in seine [!] Stadt.« Diese Aussage beinhaltet, dass Josef in seine Herkunftsstadt, das jüdische Bethlehem, zurückgeht, um sich zählen zu lassen. In der Darstellung der »Botschaft Gottes« wird die Herkunftsfrage offengelassen, indem nur von der Stadt geredet wird, in der gezählt werden sollte. Weiter heißt es, dass Josef von Nazareth in Galiläa nach Bethlehem gegangen sei. Die lukanische Angabe, dass es sich bei diesem Bethlehem um die im jüdischen Land gelegene Stadt Davids handelte, wird in der »Botschaft Gottes« ebenso weggelassen wie die Angabe, dass Josef aus dem Haus und dem Geschlecht David stamme (Vers 4). So bleibt offen, ob nicht auch eine in Galiläa gelegene Stadt namens Bethlehem (Jos 19,15: Erbteil des Stammes Sebulon) gemeint sein könnte. Somit läge Jesu Geburtsort in Galiläa. Der Zusatz »in der Stadt Davids« in der Rede der Engel zu den Hirten (Vers 11) musste deshalb auch entfernt werden. Eine weitere schwerwiegende Änderung befindet sich im abschließenden Satz der Weihnachtsgeschichte: »Das Kind bekam den Namen Jesus«. In der lukanischen Version steht nach Luthers Übersetzung in Vers 21 aber: »Und als acht Tage um waren und man das Kind beschneiden musste, gab man ihm dem Namen Jesus, wie er genannt war von dem Engel, ehe er in dem Mutterleib empfangen war.« Die Beschneidung Jesu am achten Tage, wie es jüdischer Brauch ist, musste nach dem Willen der Verfasser des Volkstestaments weichen. An dem Beispiel der Weihnachtsgeschichte wird deutlich, wie subtil die Veränderungen vorgenommen wurden, sich aber dennoch theologisch fundamental auswirkten.

Es erfolgte eine Reihe von Reaktionen auf die Veröffentlichung des neuen »Volkstestaments«, die hier nicht alle dargestellt werden können. Stellvertretend für die kritische Berichterstattung soll hier das Publikationsorgan der Bekennenden Kirche, die »Junge Kirche«, dienen, die bereits am 2. März 1940 reagierte. Sich eines kritischen Kommentars fast gänzlich enthaltend, bemerkte man lediglich, dass es sich erübrige »auf Einzelheiten einzugehen« und dass die Bearbeitung »ganz erhebliche Irrtümer über den Inhalt der maßgeblichen Kommentare und über die wissenschaftliche Arbeit an der Bibel« nahelegen würden. (674) Bereits in der übernächsten Ausgabe der »Jungen Kirche« folgte ohne Angabe des Verfassers eine ausführlichere Besprechung unter der Überschrift »Das Volkstestament der Deutschen Christen«. Darin wurde zwar die »Verdeutschung« innerhalb des »Volkstestaments« gelobt, mit der man bisweilen »den Nagel auf den Kopf« getroffen habe, allerdings die Intention der Veröffentlichung, »die älteste Überlieferung« rekonstruieren zu wollen, mit scharfen Worten kritisiert. So sei »aus der wissenschaftlichen Arbeit der letzten Jahrzehnte überhaupt ein ›gesichertes Ergebnis‹ herausgesprungen«, nämlich dass sich der »historische Jesus« nicht wiederherstellen lasse, womit der gesamte Anspruch der Herausgeber auf Sand gebaut sei. »Drei Motive« seien deshalb auch bei diesem erneuten Versuch, den geschichtlichen Jesus zu rekonstruieren, leitend gewesen: der theologische Liberalismus, der Subjektivismus der Verfasser und eine »antijüdische Tendenz«. Somit kommt der Kritiker der »Jungen Kirche« zu dem abschließenden Urteil:

> »Was diesem ›Volkstestament‹ fehlt, ist die Ehrfurcht. Die Ehrfurcht vor dem, was zwei Jahrtausende hindurch der Christenheit das rettende Wort ihres Gottes gewesen ist und noch heute ist. Die Ehrfurcht vor dem lebendigen Christus, der in und hinter diesem Wort steht und der sich nicht durch zeitgebundenes Empfinden und Wünschen vorschreiben läßt, was er gesagt und getan haben darf und was nicht. Es wird in dem ›Volkstestament‹ und in allem, was die Herausgeber dazu schreiben, von neuem deutlich, daß ihnen das Evangelium dazu dienen soll, ihr eigenes Denken zu bestätigen, zu vertiefen und zu krönen.« (675)

Die Arbeit des Arbeitskreises »Volkstestament«, die von den einzelnen Gründerlandeskirchen des Instituts unterschiedlich finanziell und ideell unterstützt wurde, nahm in der Arbeit des Instituts einen wichtigen Platz ein. Die Bemühungen, die »Botschaft Gottes« trotz der kriegsbedingten Papierknappheit zu drucken und die große Nachfrage zu befriedigen, waren enorm. »Die Botschaft Gottes« wurde nicht nur über den Verlag und die Buchhandlungen vertrieben, sondern auch durch die Institutsmitarbeiter im Anschluss an Tagungen verkauft. Darüber hinaus kam das »Volkstestament« auch in den Schriftlesungen der deutsch-christlichen »Gottesfeiern« zum Einsatz und wurde an interessierte Pfarrhaushalte und sogar an die Kriegsfront versendet. Besonders für den Konfirmanden- und Religionsunterricht wurde »Die Botschaft Gottes« empfohlen und die Durcharbeitung als »vordringlichste Aufgabe« eines jeden Kameraden der »Deutschen Pfarrergemeinde« bezeichnet, vor allem um die Jugend mit dem neuen »Volkstestament« zu gewinnen. Vorrangiges Ziel der Institutsleitung war es, das »Volkstestament« in den einzelnen Landeskirchen einzuführen. Vor allem in Thüringen sollte in den deutsch-christlichen Gemeinden die Einführung einheitlich und systematisch erfolgen. Aufgrund der hohen Nachfrage – die erste Auflage war sehr schnell ausverkauft – wurde die Herausgabe des »entjudeten« Neuen Testaments von Seiten des Instituts als großer Erfolg gewertet, wie auch aus einer Anzeige für die »Botschaft Gottes« Ende 1941 hervorgeht:

> »Über 200.000 Exemplare des ersten Teils sind ihren Weg ins deutsche Volk gegangen. So ist erwiesen, wie notwendig diese neue Verdeutschung war, aber auch gleichzeitig, wie gut und wie richtig sie ist.« (681)

Neben der »Entjudung« der neutestamentlichen Schriften spielte für die Verfasser aber auch die Entwicklung eines grundsätzlich anderen Jesusbildes eine zentrale Rolle, wie auch am Aufbau der Evangelienharmonie in der »Botschaft Gottes« deutlich wird. Jesu Leben wurde darin in folgenden sieben Abschnitten behandelt:

»1. Sein Ursprung
2. Sein Aufbruch
3. Seine Botschaft
4. Seine Gefolgschaft
5. Sein Kampf
6. Sein Kreuz
7. Sein Sieg« (661f.)

Dies verdeutlicht, dass es den Verfassern darauf ankam, einen möglichst heldischen Heiland abzubilden. Christus als »Opferlamm« erschien nicht mehr zeitgemäß, vielmehr galt es ein Christusbild im Sinne eines tapferen und siegreichen Märtyrers für die Sache Gottes herauszuarbeiten. Eine vermeintliche Gegensätzlichkeit Jesu zum Judentum sollte besonders pointiert werden, um darauf aufbauend auch die jüdische Herkunft rassisch infrage stellen zu können. Besagtem Problem widmete Grundmann gleich zwei Institutsveröffentlichungen: Die Schrift »Wer ist Jesus von Nazareth?« sollte eine Antwort für theologische Laien bieten, während sich die Publikation »Jesus der Galiläer und das Judentum« an das wissenschaftliche Publikum richtete. Das Vorgehensmuster in beiden Veröffentlichungen ist allerdings dasselbe: Zunächst wird versucht, Jesu Eigenart und die Singularität seiner Botschaft herauszustellen und diese als Gegenpol zum Judentum und dessen Religion zu beschreiben, um von da aus dessen rassische Herkunft zu hinterfragen. Demnach sei Galiläa 100 v. Chr. von Judäa erobert worden und es habe dort eine Mischbevölkerung von verschiedener Herkunft gelebt. Sogar arische Stämme seien dort, so Grundmann, vertreten gewesen. »Die Unterwerfung der Galiläer unter die Juden« sei »durch Zwangsbeschneidung und Zwangsannahme der jüdischen Religion« erfolgt, so dass die Galiläer zwar auf jüdischen Druck hin konfessionell, aber nicht völkisch zu Juden geworden seien. Aus diesen historisch-geopolitischen Betrachtungen meint Grundmann folgendes Fazit ziehen zu können:

> »Wenn also die galiläische Herkunft Jesu unbezweifelbar ist, so folgt auf Grund der eben angestellten Erörterung daraus, daß er mit größter Wahrscheinlichkeit kein Jude gewesen ist, vielmehr völkisch einer der in Galiläa vorhandenen Strömungen angehört hat. Daß er wie die meisten Galiläer von seiner Familie her jüdischer Konfession gewesen ist, die er selber restlos durchstoßen hat, hatten wir bereits festgestellt.« (721)

Grundmanns Arbeiten zum galiläischen Jesus, die weite Verbreitung fanden, wurden in der theologischen Wissenschaft zu dieser Zeit ernsthaft diskutiert. Auch wenn Grundmanns Position dabei angezweifelt wurde und Widerspruch erfuhr, hatte er sein Ziel dennoch erreicht: Die Frage einer nichtjüdischen, vielleicht sogar arischen Herkunft Jesu, die für das »Entjudungsinstitut« so zentral war, war in der theologischen Debatte angekommen.

Während es sich bei der »Botschaft Gottes« um ein reines Institutsprojekt handelte, reichten die Vorarbeiten zum »entjudeten« Gesangbuch »Großer Gott wir loben dich« bis in die Gründungszeit der »Kirchenbewegung DC« zurück. An einer »Gesangbuchrevision« arbeitete seit März 1939 bereits eine entsprechende Abteilung der »Nationalkirchlichen Einung DC«, die dann nach Gründung des Instituts in einen entsprechenden Arbeitskreis überführt wurde. Das Gesangbuch, das am 13. Juni 1941 mit einer Feier in der Kapelle der Wartburg der Öffentlichkeit übergeben wurde, kann demnach als ein Gemeinschaftsprojekt von »Entjudungsinstitut« und »Nationalkirchlicher Einung DC« angesehen werden.

Der Arbeitskreis überprüfte 2336 Lieder. Nicht zugelassen waren Lieder

> »orientalisch-jüdischen Charakters«, »Lieder, bezw. Strophen 1.) die jüdisch sind in Wort und Denken, 2.) die von ausgesprochen dogmatischer Haltung sind, 3.) die süsslich, geschmacklos, selbstentwürdigend oder dichterisch unmöglich sind«.

Demgegenüber seien »Lieder, die besonders in der Gemeinde verwurzelt sind, [...] anzuerkennen, selbst wenn sie einem vorstehenden Gesichtspunkte nicht ganz entsprechen.« (685)

Die Vorgehensweise bei der »Entjudung« der Lieder war somit ähnlich wie bei der »Botschaft Gottes«: Entweder wurden Lieder gleich vollständig entfernt oder, wenn die Lieder so bekannt waren, dass sie mit Rücksicht auf die »Volksseele« erhalten werden mussten, wurden entweder einzelne Strophen weggelassen oder der Liedtext verändert. Aber nicht nur Lieder mit alttestamentlichen oder jüdischen Bezügen wurden derart behandelt, sondern auch die Lieder, in denen Jesus nicht dem »arisch-heldischen Idealtypus« entsprach. Neben »Halleluja« hatten auch die Ausrufe »Abba« und »Hosianna« keinen Platz mehr. Lieder mit den Wörtern »Sabbat«, »Micha«, »David«, »Gideon«, »Elia« oder »Adam« wurden nicht ins Gesangbuch aufgenommen. In dem Lied »Ein feste Burg ist unser Gott« von

Martin Luther, das in einem deutsch-christlichen Gesangbuch natürlich nicht fehlen durfte, standen die Autoren vor dem Problem, wie sie mit der Bezeichnung »Herr Zebaoth« umgehen sollten. Sie wurde durch »Retter in Not« ersetzt. In dem Lied »Großer Gott wir loben dich«, das dem deutsch-christlichen Gesangbuch seinen Namen gab, steht nicht nur für »Zebaoth« in Strophe 2 ein »Herre Gott«, sondern aus dem »Heilig, Herr der Himmelsheere« wurde ein »Heilig, Herr der Kriegsheere« gemacht. Das Lied »Wie soll ich dich empfangen« von Paul Gerhardt, das in der zweiten Strophe das Wort »Zion« enthält, wurde von den deutsch-christlichen Gesangbuchautoren in dieser Strophe bis zur Unkenntlichkeit entstellt:

Dein Zion streut dir Palmen und grüne Zweige hin, und ich will dir in Psalmen, ermuntern meinen Sinn. Mein Herze soll dir grünen	Wir brechen grüne Zweige und zünden Lichter an, viel Freud wird uns zu eigen und fängt zu blühen an. Mein Herze soll dir grünen
Thüringer ev. Gesangbuch 1932, Nr. 5	Großer Gott wir loben dich, Nr. 133

Von derart willkürlichen Eingriffen in den Gesangbuchtext ließen sich noch viele weitere Beispiele nennen. Von den Liedern im Hauptteil sind letztlich nur 21 Lieder unverändert übernommen worden, über 70 Prozent des Liedbestandes bisheriger Gesangbücher wurde weggelassen. Das Gesangbuch »Großer Gott wir loben dich« unterscheidet sich allerdings nicht nur inhaltlich, sondern auch im Aufbau von den sonst üblichen evangelischen Gesangbüchern: Vorangestellt sind unter der Überschrift »Lobgesang« Danklieder sowie Lobpreisungen Gottes und seiner Schöpfung, worauf ein Abschnitt »Heilig Vaterland«

folgt. Im dritten Kapitel finden sich unter der Überschrift »Feiernde Gemeinde« Lieder für den Gottesdienst. Erst im vierten Teil »Im Jahreslauf« kommen Lieder des Kirchenjahres vor, und es folgt ein Teil, der mit »In der Stille« überschrieben ist. Den Abschluss bilden Lieder »Von frommer deutscher Lebensart« mit Gebetsteil und »Lieder der Kameradschaft«, die für Feiern außerhalb der Kirche gedacht waren. Im Kapitel »Von frommer deutscher Lebensart« findet sich auch folgender Gebetsvorschlag für Kinder:

»Schütze Gott, mit starker Hand,
unser Volk und Vaterland!
Laß auf unsres Führers Pfade
leuchten deine Huld und Gnade!
Weck im Herzen uns aufs neue
deutscher Ahnen Kraft und Treue.
Und so laß uns stark und rein,
deine deutschen Kinder sein.« (703)

Zwischen den Liedern und einzelnen Abschnitten enthält das Gesangbuch darüber hinaus Bilder, Zitate berühmter Persönlichkeiten, fromme Sätze, sowie Sprüche über Volk und Heimat. Die künstlerische Gestaltung des Gesangbuches stammte vom Kunstmaler Emil Ernst Heinsdorff aus Irschenhausen bei München. Aus einem Schreiben von Dungs an Heinsdorff geht hervor, dass eine Verwendung von geplanten NS-Symbolen und NS-Runen staatlicherseits untersagt wurde. Ihre Arbeitsmethode belassen die Herausgeber des Gesangbuchs im Dunkeln, denn es enthält weder ein Vorwort, in dem auf die inhaltlichen Veränderungen oder auf die Auswahl der Lieder hingewiesen wird, noch wird deutlich, wer für die Zusammenstellung der Lieder verantwortlich ist. Die »Herkunft der Texte und Weisen« geht aus dem Quellenverzeichnis hervor. Mitbeteiligt an der Erarbeitung des Gesangbuchs war unter anderen auch Erhard Mauersberger, der seit 1942 Landesmusikdirektor der Thüringer evangelischen Kirche war. Ab 1961 wirkte er als 14. Thomaskantor nach Johann Sebastian Bach in Leipzig.

Abb. 17: Erhard Mauersberger

Das Gesangbuch »Großer Gott wir loben dich« erschien im Juni 1941 im deutsch-christlichen Verlag »Der neue Dom« in einer Auflage von 50.000 Exemplaren zum Preis von 3,50 RM. Das Gesangbuch, das mit einer »Gottesfeier« am 13. Juni 1941 auf der Wartburg eingeführt worden war, wurde für die Thüringer DC zu einem sehr großen Erfolg: Kaum fertiggestellt und zum

Druck frei gegeben, lagen den Herausgebern schon eine Vielzahl an Vorbestellungen für das noch unveröffentlichte Werk vor. Sogar an die Front wurden die deutsch-christlichen Gesangbücher verschickt. Am 8. August 1942 schrieb ein Kriegspfarrer an Dungs:

»Lieber Kamerad Dungs!
Ich muß Ihnen doch noch einmal sagen, welch ganz große Freude Sie mir bereitet haben mit dem Gesangbuch. Ich muß gestehen, daß ich in meinem bisherigen Pfarrerleben in unserem Gesangbuch nicht mehr lesen konnte, wie einst unsere Väter darin lasen, wie in der Schrift. Meine Ravensberger Vorfahren lebten im Gesangbuch fast noch mehr als in der Bibel. Hier fanden Sie Freude, und Trost und Hilfe. Aber ich hab das nie gekonnt. Und es ist mir als Pfarrer nichts so schwer gefallen als Sonntag für Sonntag die Lieder auszusuchen, da man sie ja richtig suchen mußte. Nun aber lese ich unseres jeden Tag und lebe wirklich darin, und lerne manches auswendig, wie ein Konfirmand. Und wenn ich die Lieder lese oder wenn ich zum Sonntag Lieder aussuche, dann muß ich bremsen, denn man möchte sie alle mit einemmal singen lassen. Die Auswahl fällt auch jetzt schwer, aber in ganz anderem Sinn, weil eins schöner noch als das andere ist. Ich glaube: 1000 dieser Gesangbücher verschenkt und es werden 1000000 gekauft daraufhin. 1000000 dieses Buches im Volk – und wir brauchen für unsere Sache nicht mehr reden. Das Gesangbuch ist eine gewonnene Schlacht. Entschuldigen Sie diesen ganzen Rausch, aber ich habe eben mit meinem katholischen Kollegen daraus gesungen am Klavier. Manchen Vers habe ich meiner Frau geschrieben, die mit ihren sieben kleinen Kindern begreiflich oft in Sorge daheim sitzt.« (700)

Nach dem Vorbestellungserfolg plante der Verwaltungsausschuss des Gesangbuchprojektes bereits im Februar 1941 eine neue Auflage von 100.000 Exemplaren möglichst bis zur Konfirmation 1941. Dungs gab 1944 sogar an, dass er eine Auflage von 500.000 Stück benötige, denn die Kirchenleiter der Arbeitsgemeinschaft planten die Einführung des Gesangbuches in ihren Landeskirchen. Doch die Pläne scheiterten an den kriegsbedingten Druckbeschränkungen.

Nach dem »entjudeten« Neuen Testament und Gesangbuch folgte 1941 als dritte Veröffentlichung, die Liturgie und Frömmigkeit im Sinne der Ideologie der Deutschen Christen verändern sollte, ein Katechismus »Deutsche mit Gott – Ein deutsches Glaubensbuch«. Dieser Katechismus war nun im Gegensatz zum Gesangbuch ein wieder allein vom Institut initiiertes Projekt zur Umgestaltung der religiösen Praxis. Die Leitung des Arbeitskreises, der den Katechismus innerhalb eines dreiviertel Jahres fertigstellte, hatte Grundmann inne. Im Arbeitskreis fanden sich einige Mitarbeiter des Instituts, die schon an der »Botschaft Gottes« und dem Gesangbuch »Großer Gott wir loben dich« maßgeblich beteiligt gewesen waren. Deshalb ist es nicht verwunderlich, dass sie im neuen Katechismus auf die dort »gereinigten« Texte zurückgriffen. Der Katechismus ist in vier Hauptteile gegliedert: »Unser Weg mit Gott«, »Unser Leben unter Gott«, »Unsere Feier vor Gott« und »Unser Bekenntnis zu Gott«. Das Hauptgewicht liegt auf den ersten beiden Teilen, die wie folgt gegliedert sind: Zunächst wird vom Arbeitskreis Stellung zum Thema des Kapitels bezogen. Darauf folgen Zitate von bekannten deutschen Persönlichkeiten ohne Quellenangabe, wobei sich Zitate von Martin Luther in allen Kapiteln befinden. Den Abschluss zu jedem Kapitel bilden eine Strophe aus dem Gesangbuch »Großer Gott wir loben dich«

und ein Vers aus der »Botschaft Gottes«. Antisemitische Passagen sind unübersehbar, im Kapitel »Der Heiland der Deutschen« heißt es beispielsweise:

> »Jesus aus Nazareth in Galiläa erweist in seiner Botschaft und Haltung einen Geist, der dem Judentum in allen Stücken entgegengesetzt ist. Der Kampf zwischen ihm und den Juden wurde so unerbittlich, daß er zu seinem Kreuzestod führte. So kann Jesus nicht Jude gewesen sein. Bis auf den heutigen Tag verfolgt das Judentum Jesus und alle, die ihm folgen, mit unversöhnlichem Haß. Hingegen fanden bei Jesus Christus besonders arische Menschen Antwort auf ihre letzten und tiefsten Fragen. So wurde er auch der Heiland der Deutschen.« (706)

Der dritte Teil »Unsere Feier vor Gott« behandelt unter anderem christliche Sakramente wie Taufe und Abendmahl oder den Sonntag als Ruhetag. Es wird auf den Wert des Sonntags und der Feiertage »der Nation« zur »Erholung für Leib und Seele«, aber auch für »unser Volk zur Besinnung« hingewiesen. Bei der Taufe sollen Eltern und Paten »geloben«, ihre Kinder »aufzuziehen zu Menschen, die in ihrem Volk ihr Leben führen im Geist des Glaubens und der Kraft, der Liebe und der Zucht«. Beim Abendmahl wird der gläubige Christ zum »Hausgenossen« Christi, der als »guter Hausvater an seinen Tisch« ruft. Es wird dabei an den »Einsatz Jesu Christi für uns« gedacht, dessen Blut uns »an Gott und aneinander im Dienst und Opfer bis in die Ewigkeit« bindet. Demgemäß enthält der letzte Abschnitt »Unser Bekenntnis zu Gott« folgendes Glaubensbekenntnis:

»Wir glauben an Gott.
Ursprung, Kraft und Ziel aller Dinge,
den allmächtigen Herrn über Leben und Tod,
den Lenker der Völker und Menschen,
der unser Leben uns anvertraut, der uns ruft zu Treue und Dienst,
unseren Vater.
Wir glauben an Gott,
Von ihm kommt Jesus Christus,
des Vaters Sohn, der Menschen Bruder,
der Ueberwinder von Sünde, Leid und Tod,
der Sieger am Kreuz,
der uns das Herz füllt mit Freude zu Gott,
der uns zu Kindern ruft in Gottes Reich,
unser Heiland.
Wir glauben an Gott.
Er verbindet sich mit uns durch seinen Geist,
schafft die glaubende Gemeinde in unserem Volk,
tut uns das Herz auf für sein heiliges Walten,
macht uns gewiß seiner Gnade und Treue,
führt uns hinein in das ewige Leben.« (707)

Der Reform des Bekenntnisses folgt im Kapitel »Tat« eine Neufassung des Dekalogs, der um zwei Gebote erweitert wurde:

»1. Gib Gott die Ehre und vertraue ihm von ganzem Herzen!
2. Suche die Stille vor Gott!
3. Meide alle Heuchelei!
4. Heilig sei dir Leib und Leben!
5. Heilig sei dir Gut und Ehre!
6. Heilig sei dir Wahrheit und Treue!
7. Ehre Vater und Mutter, deinen Kindern sei Helfer und Vorbild!

8. Halte das Blut rein und die Ehe heilig!
9. Wahre und mehre das Erbe der Ahnen!
10. Sei immer bereit zum Helfen und Vergeben!
11. Ehre Führer und Meister!
12. Diene freudig dem Volk mit Arbeit und Opfer!

So will es Gott von uns!« (709)

Der »Volkskatechismus« wurde 1941 in einer Auflage von 10.000 Exemplaren veröffentlicht. Daneben entwickelte ein Arbeitskreis, in dem unter dem Vorsitz von Bauer Eisenhuth, Grundmann, Pfarrer Helmut Teuber und Studienassessorin Sieglinde Liebsch tätig waren, ein sogenanntes Lebensgeleitbuch. Diese »neue Form des Andachtsbuches« mit dem Titel »Der Ruf des Lebens« war als religiöse Hilfe für den »deutschen Menschen« in allen Lebensbereichen und Lebenslagen als ein »positiver Beitrag zur Neubelebung deutscher Frömmigkeit« gedacht. Obwohl das Manuskript bereits im Oktober 1940 der Druckerei vorlag, scheiterte der Druck 1941 allerdings aufgrund der kriegsbedingten Druckeinschränkungen für religiöses Schrifttum. Somit ließ sich schließlich die geplante vollständige Ersetzung des bisherigen religiösen Schriftguts in den Gemeinden nicht realisieren. Dennoch erzielten zumindest in Thüringen das vom Institut herausgegebene »entjudete« Neue Testament, das deutsch-christliche Gesangbuch und auch der »entjudete« Katechismus nachweislich eine hohe Verbreitung. Davon zeugte auch ein Beschluss des nach Kriegsende neu eingesetzten thüringischen Landeskirchenrats vom 17. Mai 1945, der besagte, dass fortan wieder die traditionellen religiösen Bücher zu benutzen seien.

3.6 *»Daß daher jede Berufung auf die NSDAP unterbleiben müsse«* – Zum Verhältnis des NS-Staates zum kirchlichen »Entjudungsinstitut« und zu dessen Schließung im Mai 1945

Der unerwartet lange währende Zweite Weltkrieg und seine Folgen hatten zwangsläufig Auswirkungen auf die Arbeit des Instituts. Neben den Einschränkungen bei den Druckgenehmigungen und den Schwierigkeiten, Tagungen abhalten zu können und Reisegenehmigungen zu erhalten, bereiteten die Abwesenheit des Großteils der Institutsmitarbeiter auf Grund ihres Wehrdienstes und vor allem die Luftangriffe der Alliierten auf Deutschland der Institutsleitung zunehmend Sorgen. Bei einem Bombenangriff auf Leipzig am 4. Dezember 1943 wurden die gesamten Restbestände der Institutsveröffentlichungen, die sich im Georg Wigand Verlag befanden, sowie die in Vorbereitung und Satz befindlichen Publikationen zerstört. Höchstwahrscheinlich wurde bei diesem Angriff auch das bereits fertiggestellte, aber noch unveröffentlichte Lebensgeleitbuch vernichtet.

Ebenso wurde die Personalstruktur des Instituts durch den Krieg in Mitleidenschaft gezogen. Leffler war bereits Ende 1939 zum Wehrdienst einberufen worden, was ihn allerdings nicht daran hinderte, noch an diversen Sitzungen des Verwaltungsrates und Tagungen des Instituts teilzunehmen. Auch im Verwaltungsrat des Instituts kam es zu Umbesetzungen: So trat der Präsident des Landeskirchenamtes in Sachsen, Johannes Klotsche, am 23. Juni 1942 von seinem Sitz im Verwaltungsrat zurück, für Klotsche wurde auf Vorschlag von Schatzmeister Brauer Oberkirchenrat Rudolf Wilkendorf aus Dessau in den Verwaltungsrat berufen.

Auch das Verhältnis zwischen Staat und Institut änderte sich im Verlaufe des Krieges. Waren die Verlautbarungen und Äußerungen von staatsnahen Institutionen in Bezug auf das kirchliche »Entjudungsinstitut« in der Anfangszeit noch durchaus positiv gewesen, so wurde die Berufung des Eisenacher Instituts auf staatliche Anerkennung zunehmend kritischer beäugt. Der Leiter der Parteikanzlei, Martin Bormann, versuchte in einem Schreiben an den Reichsminister für kirchliche Angelegenheiten vom 25. September 1942, die Berufung des Instituts auf Partei- und Staatsstellen wie folgt zu verhindern:

> »Da von Seiten des Instituts häufig auf eine Anerkennung durch Reichsleiter Rosenberg als dem Beauftragten des Führers für die Überwachung der gesamten geistigen und weltanschaulichen Schulung und Erziehung der NSDAP Bezug genommen wird, möchte ich ausdrücklich feststellen, daß auch durch Reichsleiter Rosenberg oder seine Dienststelle eine Anerkennung oder Förderung der Arbeit des Eisenacher Instituts niemals ausgesprochen wurde. Eine solche Anerkennung kann auch nicht, wie verschiedentlich versucht wird, aus der Rede hergeleitet werden, die Dr. Grau bei der Eröffnung der Außenstelle der ›Hohen Schule‹ in Frankfurt/Main gehalten hat. [...] Ich bitte Sie daher, die verantwortlichen Personen des Eisenacher Instituts darauf hinzuweisen, daß sie nicht berechtigt sind, sich auf eine Anerkennung oder Förderung ihrer Arbeit durch die Partei zu berufen und daß daher jede Berufung auf die NSDAP unterbleiben müsse.« (729 f.)

Nicht nur durch solche Aktionen, sondern auch durch die kirchenpolitischen Verhältnisse in Österreich und in den im Krieg eroberten Gebieten, insbesondere dem »Warthegau«, wo die

NSDAP die Kirche in den Status eines privaten Vereins abdrängte, fühlten sich viele DC-Anhänger zunehmend genötigt, eine Entscheidung zwischen Partei- oder Kirchenzugehörigkeit zu fällen. Auch die sich weiter intensivierende antichristliche Propaganda der Partei im Jahre 1942 machte zunehmend deutlich, dass es das eigentliche Ziel der NS-Führung war, die Kirche in der Bedeutungslosigkeit verschwinden zu lassen. Der Tod führender Kräfte der Thüringer DC, der thüringische Landesbischof Sasse starb am 28. August 1942 und Leutheuser fiel am 24. November 1942 bei Stalingrad, verstärkte zudem die anwachsende Ernüchterung vieler Mitglieder der »nationalkirchlichen Einung«.

Grundmann hielt allerdings weiterhin an seiner Grundidee fest, dass auf dem geistigen Gebiet nur durch eine im Sinne des Nationalsozialismus reformierte christliche Religion, durch »ein positives Christentum«, das religiöse Problem in Deutschland gelöst werden könne. Er versuchte nachzuweisen, dass auch die christentumsfeindliche Propaganda ihre Quellen nicht aus einer germanischen Glaubenslinie, sondern aus einer jüdischen schöpfe. Wichtiges Ziel der Arbeit des »Entjudungsinstitutes« sei es demnach, hinter der christentumsfeindlichen Propaganda der völkischen Kreise jüdische Zersetzungsarbeit zu entlarven. Beispielhaft führte er dies mit einem Gutachten gegen die Publikation »Jesus der Nazoräer, König der Juden« des SS-Hauptsturmführers Friedrich Murawski selbst vor. Grundmann überführte Murawski des Plagiats, denn er hatte ausgerechnet die wissenschaftlichen Erkenntnisse von Robert Eisler, einem Juden, übernommen, was ihn dann auch für das Reichssicherheitshauptamt und die SS nicht länger tragbar machte. Grundmann sah darin keinen Einzelvorgang, vielmehr sei es dem Judentum mittlerweile gelungen, selbst die Partei an entscheidenden Stellen zu infiltrieren.

Gleichzeitig versuchte das Institut, sich durch die Radikalisierung der antisemitischen Ideologie im Gegenüber zu den germanisch-völkischen Gruppierungen als die besseren Nationalsozialisten zu profilieren. Mit vielfältigen »Entjudungsanstrengungen« sollte eine Anpassungsleistung erbracht werden, die letztlich den Bestand einer wie auch immer gearteten Kirche im NS-Staat gewährleisten sollte. Grundmann formuliert 1942, zu einem Zeitpunkt, als die Vernichtung jüdischer Menschen in den Vernichtungslagern in vollem Gange war, in der Institutsveröffentlichung »Die geistige und religiöse Art des Judentums« als »eine Aufgabe deutscher Geisteswissenschaft«:

> »Was politisch, wirtschaftlich und biologisch sich als eine Notwendigkeit herausgestellt hat, erweist sich bei näherer Beschäftigung mit dem Judentum und bei eindeutiger Profilierung seines geistigen und religiösen Gesichts ebenso als eine kulturelle, geistige und religiöse Notwendigkeit: Der Jude muß als feindlicher und schädlicher Fremder betrachtet werden und von jeder Einflußnahme ausgeschaltet werden.« (12)

Aus einem Briefwechsel zwischen Grundmann und seinem Schüler Hans-Joachim Thilo geht aber auch hervor, dass er sogar Ende 1942 dazu bereit war, seine »theologische Existenz« aufzugeben, wenn sich der von ihm angestrebte Weg einer Synthese von Christentum und Nationalsozialismus auf Grund des kirchenpolitischen Kurses der NSDAP nicht verwirklichen ließe. Hintergrund der Schreiben war, dass Thilo in einem Brief vom 14. November 1942 seinen Austritt aus der »Nationalkirchlichen Einigung DC« erwog. Grundmann antwortete am 18. November 1942:

»Zuerst: ich kann Ihren Schritt sehr gut verstehen. Ich sehe auch deutlich die Möglichkeit, daß es nur ein Entweder-Oder gibt: alte Kirche oder eine freidenkerische Parteireligion, wie sie jetzt vielerorts von den Rednern der Partei als deutscher Gottglaube verzapft wird. Sie kennen mein Ringen um einen geschichtsmächtigen deutschen Gottesglauben für den ›Ein feste Burg‹ der klassische Ausdruck bleibt. In die alte Kirche kann ich nicht zurück; einem religiösen Nihilismus kann ich meinen guten Namen, den ich mir erhalte, nicht verschreiben, also bleibt mir nichts anderes als mich bescheiden in die Ecke zu stellen und eine andere Arbeit als Germanist oder Historiker zu tun. Wie gesagt, ich sehe diese Möglichkeit nüchtern vor mir. Nur ist aber die Entscheidung noch nicht reif; und solange es das Entweder-Oder noch nicht gibt, kämpfe ich, ihm eine andere Form zu geben. Dem dient die Arbeit im Institut. Die Mängel der Einung und das Versagen der führenden Kameraden der Einung steht mir deutlich vor Augen. [...] Eines weiß ich nun ganz genau: es gibt in Deutschland eine stille Gemeinde von Menschen, die in gleicher Richtung auf den Weg gesetzt sind, nur zu einem geringen Teil in der Einung organisatorisch erfaßt, weil sie sich nicht erfassen lassen. Dieser Gemeinde diene ich. Ich bekomme viele von ihnen in die Mitarbeiterschaft des Instituts. Daneben suche ich Verbindung mit den positiven Kräften in der Partei.« (741)

Allerdings stoppte Grundmanns Einberufung zum Wehrdienst am 27. März 1943 seine Tätigkeit im Institut, obwohl er seit 1940 auf Antrag der Thüringer evangelischen Kirche als unabkömmlich gestellt worden war. Nach dem Krieg machte Grundmann den neuen Rektor der Universität, den Mediziner und Rasseforscher Karl Astel, für seine Einberufung verantwortlich, da dieser ein Interesse daran gehabt habe, die Theologische Fakultät in Jena zu schwächen. Grundmann blieb bis Kriegsende Soldat an der Ostfront, war aber auch dort weiter publizistisch tätig. Zwei Tage vor seiner Einberufung schrieb Grundmann in einem Mitteilungsbrief an die Förderer des Instituts:

> »Aufbau und Ausbau der Arbeit des Instituts ist ganz und gar bedingt gewesen durch die beschränkten Möglichkeiten der Kriegszeit. Als das Institut im Mai 1939 auf der Wartburg mit einer umfassenden Zielsetzung gegründet wurde, trennten uns nur wenige Monate vom Kriegsbeginn, der sofort einen großen Teil unserer Mitarbeiter unter die Waffen rief. Es darf ohne Übertreibung mit herzlichem Dank gegenüber allen, die an der Arbeit des Institutes beteiligt waren, gesagt werden, daß mit einem Bruchteil der Mitarbeiter unter schwersten Verhältnissen Bedeutsames geleistet und ein Weg in eine neue Gestalt des deutschen religiösen Lebens aufgewiesen wurde. Was tatsächlich im Rahmen bereits erarbeitet worden ist, ist nur zum Teil der Öffentlichkeit bekannt geworden, da die Mittel der literarischen Produktion für uns auf das Äußerste beschränkt sind. [...] Die Verkündigung des totalen Krieges schafft neue Schwierigkeiten. Ich wende mich in einem Augenblick an die Förderer des Institutes, in dem ich selbst zum Heeresdienst einrücken werde und meinen Kollegen Prof. Eisenhuth bitten muß, die wissenschaftliche Leitung des Institutes in meiner Vertretung in die Hand zu nehmen. Ich möchte aber in diesem Augenblick den Förderern des Institutes sagen, daß die Arbeit in den letzten Monaten unermüdlich weitergegangen ist und mit den uns zur Verfügung stehenden Kräften weitergehen wird.« (742 f.)

Heinz-Erich Eisenhuth vertrat Grundmann allerdings nur knapp drei Monate, denn am 28. Juni 1943 meldete er sich freiwillig zur Wehrmacht und leistete Dienst bis Kriegsende. Sein Nachfolger, Georg Bertram, setzte den Kurs einer zunehmenden Radikalisierung des vom Institut vertretenen Antisemitismus fort. Im Arbeitsbericht 1942/43 des Instituts hatte er seine Sicht auf das Judentum wie folgt dargelegt:

> »Es ist das Judentum, das immer deutlicher als der eigentliche und letzte Gegner hervortritt. Dabei sind die Juden nicht die Soldaten, gegen die wir zu kämpfen haben, sondern sie sind die Träger der wirtschaftlichen und geistigen Kriegsmittel, vor allem in Presse und Rundfunk. In jeder Art von Propaganda sind sie die gerissensten Feinde, die hemmungslos gegen alles, was deutsch ist, hetzen. Denn in Deutschland ist endlich die Macht entstanden, die den Kampf der Völker gegen das Judentum, der so alt ist wie das Judentum selbst, ohne Schwäche und ohne falsches Mitleid zu Ende führen wird. Im Judentum ist endlich der Fäulniserreger erkannt, der alle Lebenskräfte der Völker, ihr ursprüngliches Wesen und all die Kulturgüter, die daraus geflossen sind, zersetzt und zerstört. An die Stelle des gewachsenen Volkstums soll unter dem Einfluß des unechten jüdischen Rationalismus eine alles Hohe und Erhabene, alles Eigenwüchsige und Selbständige zu flachem Einerlei herabziehende Wahrheitsdoktrin treten. Damit wäre dem Untermenschentum und den diabolischen Mächten der Weg bereitet und die Voraussetzung für die jüdische Weltherrschaft durch Geld und (zersetzenden) Geist geschaffen.« (588)

Abb. 18: Georg Bertram

Bertram befand sich in Eisenach, als die amerikanischen Truppen am 6. April 1945 die Stadt besetzten. Er unterrichtete im Predigerseminar und hatte Pfarrvertretungen in und um Eisenach übernommen. Am 6. Mai 1945, zwei Tage vor der bedingungslosen Kapitulation Deutschlands, unternahm er einen Versuch zur Umwandlung des Instituts in ein theologisches Forschungsinstitut. Er präsentierte dem thüringischen Landeskirchenrat einen Entwurf in Form einer Denkschrift: »Aufgaben eines theologischen Forschungs-Instituts zu Eisenach«. Der neu zusammengesetzte Thüringer Landeskirchenrat war allerdings über sein »Erbe« alles andere als begeistert. Auf der Landeskirchenratsitzung vom 17. Mai 1945 wies Kirchenrat Erich Hertzsch seine Kollegen auf die »Gefährlichkeit der Verknüpfung der Belange des Instituts mit denen des neuen Landeskirchenrats hin«

und unterbreitete den Vorschlag, das von Bertram vorgeschlagene neue Institut in die Theologische Fakultät Jena oder in die Luther-Akademie in Sondershausen einzubinden. Sechs Tage später trat der Landeskirchenrat erneut zusammen und traf die Vereinbarung, Bertrams Antrag auf eine Umwandlung des Instituts abzulehnen. Darüber hinaus sollten die Räume des Instituts im Predigerseminar sofort geräumt werden. Auf eine Rückzahlung gewährter Zuschüsse und auf die Konfiszierung des Vermögens sollte aber verzichtet werden. Bei dem Verzicht könnten juristisch ungeklärte finanzielle Ansprüche der unterschiedlichen beteiligten Landeskirchen ebenso eine Rolle gespielt haben wie der Wunsch, die engen Verbindungen der Thüringer Landeskirche zum »Entjudungsinstitut« nicht so offenkundig werden zu lassen. Dem Wunsch Bertrams, in der thüringischen Landeskirche in Pfarrerschulungskursen weiterzuarbeiten, wurde nicht entsprochen. Daraufhin trat er als stellvertretender wissenschaftlicher Leiter des Instituts am 8. Juni 1945 zurück. Er richtete seinen Rücktritt an die thüringische Landeskirche, da er nicht wusste, an welche Institution er sonst eine Erklärung abgeben sollte. Nachdem der Landeskirchenrat ihm ein Zeugnis ausgestellt hatte, um sich seiner möglichst schnell zu entledigen, kehrte Bertram noch 1945 nach Gießen zurück. In dem Zeugnis wurde bestätigt, dass Bertram seit 1945 als Vikar für die thüringische Landeskirche in Gottesdiensten arbeitete und wissenschaftlich im Bereich der Bibelkunde tätig gewesen sei. Mit dem Leiter des Predigerseminars habe Bertram Arbeitsgemeinschaften für ein »Theologisches Wörterbuch Deutsch« durchgeführt. Von seiner Tätigkeit im »Entjudungsinstitut« findet sich im Zeugnis der thüringischen Landeskirche, das von Kirchenrat Moritz Mitzenheim, dem späteren Landesbischof, unterzeichnet wurde, kein Wort, dafür aber ein Hinweis, dass Bertram seine Arbeit »im Sinne des Evangeliums in dankenswerter Weise durchgeführt« habe. Am 21. Juli 1945 teilte Ermisch dem Landeskirchenrat schriftlich mit, dass die Auflösung des »Instituts zur Erforschung und Beseitigung des jüdischen Einflusses auf das deutsche kirchliche Leben« beendet sei; gleichzeitig trat er als stellvertretender Geschäftsführer zurück. Die Geschäftsbücher und Akten des Instituts wurden von Brauer, Dungs und Ermisch in die Büroräume der »Nationalkirchlichen Einung« geschafft, wo sie höchstwahrscheinlich zum größten Teil vernichtet wurden. Als Walter Grundmann Ende 1945 wegen Krankheit aus der russischen Kriegsgefangenschaft entlassen wurde und nach Thüringen zurückkehrte, hatte das von ihm initiierte »Entjudungsinstitut« bereits aufgehört zu existieren.

3.7 *»Ein Stück Arbeit [...], die über den Tag hinausgeht«* – Versuch der Umwandlung des »Entjudungsinstituts« und Grundmanns Werdegang nach 1945

Grundmann war bereits am 13. September auf Grund eines Erlasses der Alliierten aus seiner Professur in Jena entlassen worden. Wie schon vorher Bertram, versuchte er noch im Dezember 1945, den neuen Landeskirchenrat zur Umwandlung des »Entjudungsinstituts« in ein theologisches Forschungsinstitut zu bewegen. Am 12. Dezember 1945 überreichte er diesem eine Denkschrift über »Die Arbeit des Instituts zur Erforschung des jüdischen Einflusses auf das deutsche kirchliche Leben 1939 - 1944«. Grundmann behauptet darin, dass der Nationalsozialismus seit 1938 parallel zur Verschärfung des »antijüdischen Kampfes« auch die Vernichtung der christlichen Kirche geplant habe. Dieser Kampf sei vor allem mit der These vom jüdischen Ursprung des Christentums geführt worden. Dieser These zu begegnen und ihr volksaufklärerisch die Bestände zwischen Christentum und abendländischer Kultur entgegenzuhalten, sei die Zielsetzung des Instituts gewesen. Die Arbeit des Instituts sei breiter angelegt gewesen als der Name des Instituts suggeriere, vielmehr habe sich das Institut als eine »Akademie deutscher Frömmigkeit« verstanden, die insbesondere der Frage der spezifisch germanischen Religiosität nachgegangen sei. Das Echo auf die Institutsgründung sei bezeichnend gewesen: Partei und politische Stellen hätten sich in Schweigen gehüllt und völkische Kreise, hinter denen die SS gestanden habe, hätten mit Polemik reagiert. Grundmann habe sich dieser Verleumdung entgegengestellt, indem er die Behauptung des unerwiesenen jüdischen Einflusses auf das Christentum zurückgewiesen habe. Die »Rassenfrage« sei somit von außen an das Institut herangetragen, von den Mitarbeitern selbst aber nicht vertreten worden. (751 f.) In seiner Darstellung der »Arbeitsgliederung, Arbeitsleistung und Arbeitsplanung des Instituts« betont er einen rein theologischen Charakter der Arbeit. Den Vorwurf, dass das Institut antisemitische Positionen vertreten habe, weist Grundmann entschieden zurück. Auch hinter der »Botschaft Gottes« habe keine antisemitische Absicht gestanden, sondern es sei ein Versuch gewesen, die Gotteswahrheit dem heutigen Menschen näher zu bringen. (752) So habe die Arbeit des Instituts im kirchlichen Raum »kritische Zurückhaltung, aber ebenso steigende Würdigung« erfahren, was insbesondere seine apologetische Arbeit anbelangte:

> »So ist es nicht verwunderlich, daß das Institut ein wesentlicher Faktor von Bestrebungen wurde, alle diejenigen Kräfte zu einer Arbeitsgemeinschaft zusammenschließen zu helfen, denen es um die Religion gegen ihre Verfälschung und ihren Mißbrauch wie gegen ihre Vernichtung ging.« (753)

Das Institut sei als »Anwalt der Theologie« mutig gegen die Angriffe des Nationalsozialismus vorgegangen. Grundmann selbst habe mit einem Gutachten gegen die Schrift des SS-Schulungsleiters Murawski Stellung gegen die Partei bezogen und das Verbot dieser Schrift erreicht. Gegenwirkungen gegen die Institutsarbeit seien von staatlichen Stellen ausgegangen: So habe die NSDAP Institutsveranstaltungen, Tagungen und Mitarbeitersitzungen verboten, das Erscheinen einer wissenschaftlichen Fachzeitschrift des Instituts verhindert, Druckbeschränkungen vorgenommen, Veröffentlichungen entweder totgeschwiegen oder auf den Index gesetzt, Nachrichten für Institutsmitarbeiter an der Front blockiert, Ausreiseverbote ausgesprochen und damit die Auslandsarbeit behindert, Einreisegenehmigungen für ausländische Akademiker verweigert und das Büropersonal des Instituts dienstverpflichtet. Insbesondere Reichsleiter Bormann habe in der Arbeit des Instituts einen Widerspruch zum Nationalsozialismus gesehen, da das Institut eine »Synthese zwischen Christentum und deutschem Geist« angestrebt, der Nationalsozialismus hingegen eine Diastase gewollt habe. Deshalb habe Bormann die Arbeit des Instituts als für den Staat gefährlich eingestuft und eine Förderung verweigert (753 f.).

Da der Nationalsozialismus aber nie klar Stellung zum Institut bezogen habe, sei auch die Haltung der Institutsleitung einerseits von Hoffnung auf eine Besserung der Lage gekennzeichnet gewesen, andererseits habe die Einsicht in den Kirchenvernichtungswillen des Staates immer wieder überwogen. So sei auf die Stunde gewartet worden, in der eine Neubenennung des Instituts möglich sein würde. Diese Stunde sieht Grundmann im Dezember 1945 gekommen:

> »Jedenfalls war das immer wieder notwendige Mühen um Arbeitsmöglichkeit bei den verschiedenen staatlichen Stellen ein mühseliges, dornenreiches und entsagungsvolles Bemühen, das der Institutsleitung und der wissenschaftlichen Leitung auferlegt war. Unter diesem Druck und den mit ihm gegebenen Beschränkungen aber ist ein Stück Arbeit geleistet worden, die über den Tag hinausgeht, sind Aufgaben angefaßt worden, die nach wie vor bestehen, sind Erkenntnisse zutage gefördert und Pläne entworfen worden, die unabhängig von der grundlegenden politischen Wandlung ihre religiöse und kulturelle Bedeutung haben und behalten. Es ist deshalb zu wünschen, daß die hier geleistete Arbeit in eine wirkliche Akademie deutscher Frömmigkeit einmündet, denn ›die deutsche Sprache wird viel von ihrem Werte verlieren, wenn sie das Wort fromm einbüßt, und das deutsche Volk entäußert sich seiner Würde, wenn es sich schämen sollte, fromm zu sein.‹«

Aber auch Grundmanns Bemühungen zur Umwandlung des Instituts scheiterten an der Haltung des neuen thüringischen Landeskirchenrats. In einem Schreiben vom 14. Januar 1946 wurde Grundmann mitgeteilt, dass für ihn zurzeit im Bereich der thüringischen Landeskirche keine Arbeitsmöglichkeiten vorhanden seien, und man empfahl ihm, in seine Heimatkirche nach Sachsen zurückzukehren. Grundmann kehrte 1946 tatsächlich nach Sachsen zurück, wo er allerdings – wie schon in der thüringischen Landeskirche - keine Anstellung fand. Anfang 1946 beschäftigte er sich mit seiner eigenen Entnazifizierung, um eine Rückkehr in sein Professorenamt zu erreichen. Am 20. Januar schrieb er eine eidesstattliche Erklärung, in der er sowohl seine Gegnerschaft zu Alfred Rosenberg als auch zu der Deutschen Glaubensbewegung betonte:

> »Die gesamte wissenschaftliche Arbeit des Unterzeichneten steht im Dienst und Einsatz gegen die nazistische antichristliche Schlagwortpropaganda, die mit den Thesen arbeitet, das Christentum sei Judentum für Europäer und habe die deutsche Seele vergiftet. Im Zusammenschluß mit anderen Fachkräften bildet der Unterzeichnete eine geistig-wissenschaftliche Widerstandsbewegung gegen diese Tendenzen, die die deutsche Kultur, das deutsche Geistesleben und die deutsche Seele gefährden. In Wort und Schrift setzt der Unterzeichnete sich mit seiner ganzen Person, Arbeit und Existenz ein für die Aufrechterhaltung der engen Verbundenheit von Christentum und deutschem Geistesleben, die der Nazismus zerreißen will.« (755)

Sein Verbleiben in der Partei erklärte Grundmann in der Erklärung damit, dass er ansonsten aus dem Professorenamt entlassen worden wäre, sodass seine eigene »Ausschaltung« nur zur »Schädigung der Fakultät und Kirche geführt hätte«. Zu seiner Entlastung fügte Grundmann weitere Schreiben von Kollegen bei, mit denen er zum Teil im Institut zusammengearbeitet hatte. Doch die Rückkehr an die Theologische Fakultät Jena blieb Grundmann versagt. Seinen Lehrstuhl für Neues Testament übernahm 1947 mit Herbert Preisker allerdings ebenfalls ein ehemaliger Institutsmitarbeiter. Eine neue Tätigkeit fand

Grundmann dann im Mai 1946 im diakonischen Hilfswerk der thüringischen Landeskirche. Zusammen mit Eisenhuth, der im gleichen Jahr zunächst kommissarisch eine Pfarrstelle in Jena bekleidete, bemühte er sich um Anstellung in ein Pfarramt innerhalb der Thüringer evangelischen Kirche. Im August 1949 wurde ihm daraufhin zunächst kommissarisch die zweite Pfarrstelle im thüringischen Waltershausen übertragen, in die er dann am 23. Juli 1950 auch offiziell eingeführt wurde. Eisenhuth hatte bereits zwei Jahre zuvor, wie andere Thüringer Theologen auch, die im Institut mitgearbeitet hatten, eine Festanstellung als Pfarrer in der thüringischen Landeskirche erhalten. 1952 wurde er in Eisenach Superintendent und Leiter der Evangelischen Akademie der thüringischen Landeskirche.

Mit der neuen Anstellung war auch für Grundmann wieder der Weg in die wissenschaftliche Theologie geebnet: Das theologische Oberseminar Naumburg in Sachsen-Anhalt bestellte Grundmann zu regelmäßigen Vorlesungen und wollte ihn schon als Dozenten übernehmen, als die thüringische Landeskirche Grundmann 1954 zum Rektor des Katechetenseminars in Eisenach berief. Nach 1970 dozierte er zusätzlich im Theologischen Seminar der Vereinigten Evangelisch-Lutherischen Kirche in der DDR in Leipzig. Zu seinem 60. Geburtstag schrieb Herbert von Hintzenstern, der 1941 bei Grundmann zu »Houston Stewart Chamberlains Darstellung des Urchristentums« promoviert hatte, ebenfalls Mitarbeiter im »Entjudungsinstitut« gewesen und inzwischen Leiter der Pressestelle der Thüringer evangelischen Kirche und nebenamtlicher Leiter des Lutherhauses in Eisenach geworden war, eine Laudatio auf Grundmann in der Thüringer Kirchenzeitung »Glaube und Heimat«. Grundmanns Rolle in der Zeit zwischen 1933 und 1945 liest sich darin wie folgt:

»Nach seinem Zwischenspiel im Dresdner Landeskirchenamt konnte er seine Kräfte als Professor für neutestamentliche Theologie in Jena einsetzen. Als er aber dem Christenhasser Friedrich Murawski mit der Broschüre ›Wer ist Jesus von Nazareth?‹ entgegentrat und die trüben Quellen des ehemaligen Jesuiten aufdeckte, veranlaßte der Jenaer Rektor Astel die Einberufung Dr. Grundmanns. Als er krank aus der Kriegsgefangenschaft zurückkehrte, war sein Lehrstuhl inzwischen besetzt.«(758)

Abb. 19: Herbert von Hintzenstern

Auch publizistisch war Walter Grundmann weiter erfolgreich tätig: Er veröffentlichte unter anderem in der Evangelischen Verlagsanstalt Berlin wissenschaftlich anerkannte Kommentare zu den synoptischen Evangelien und zu neutestamentlichen Briefen sowie eine Geschichte Jesu Christi. Seine Bücher wurden sowohl von der Evangelischen Kirche in der DDR als auch von bundesdeutschen Verlagen herausgegeben. Darüber hinaus veröffentlichte er Aufsätze in theologischen Fachzeitschriften. Kurz vor seinem Tod am 30. August 1976 in Eisenach arbeitete Walter Grundmann noch an einem Paulusbuch, das er allerdings nicht mehr fertigstellen konnte. In Anerkennung seiner Verdienste wurde Grundmann 1974 von der thüringischen Landeskirche zum Kirchenrat ernannt. Zu seinen Hauptwerken nach 1945 zählte auch eine dreibändige Arbeit zur »Umwelt des Urchristentums«, die Grundmann zusammen mit Johannes Leipoldt veröffentlichte, der ebenfalls führender Mitarbeiter im »Entjudungsinstitut« gewesen war.

Abb. 20: Walter Grundmann, 1966

Im Jahr 1956 wurde Grundmann erfolgreich von der Staatssicherheit angeworben, was seine Anpassungsfähigkeit auch an das neue Staatssystem unterstreicht. Aus den Stasiakten zu Grundmann, die Lukas Bormann untersucht hat, geht hervor, dass als Motive für seine Mitarbeit sowohl die »Anerkennung der DDR als ›Obrigkeit‹« als auch »die starke Aversion (›Hass‹) Grundmanns gegen die führende Rolle ehemaliger Mitglieder der Bekennenden Kirche« innerhalb der Thüringer Kirche eine Rolle gespielt haben. Grundmann erhoffte sich zudem von der Mitarbeit größeren kirchenpolitischen Einfluss. Seine Stasitätigkeit bezog sich auf die Informationsbeschaffung über Vorgänge in der thüringischen Landeskirchenregierung und über ehemalige Führer der Deutschen Christen, wobei Grundmann bei Letzterem eher reserviert blieb. Seine Tätigkeit endete 1969, seine Bedeutung für das Ministerium für Staatssicherheit blieb allerdings »begrenzt«, nicht weil Grundmann sich sperrte, sondern weil andere Kirchenräte »bessere Informationen« lieferten. (759)

Ähnlich wie bei Grundmann schadete auch anderen Professoren und akademischen Mitarbeitern ihre Vergangenheit im »Entjudungsinstitut« nicht, denn sie wurden von der evangelischen Kirche oder den Universitäten wieder akzeptiert. Martin Redeker behielt seine Professur in Kiel, Wilhelm Koepp seinen Lehrstuhl in Greifswald. Georg Bertram erhielt eine Pfarrstelle in der Landeskirche Hessen-Nassau und war später als Dozent für Hebräisch und Altes Testament an der Universität Frankfurt beschäftigt. Gerhard Delling wurde 1950 Professor für Neues Testament in Halle/Saale, Rudi Paret erhielt 1951 eine Professur für Islamkunde in Tübingen, Carl Schneider wurde Kulturreferent der Stadt Speyer und Leiter der Evangelischen Akademie in Enkenbach, Gustav Entz und Fritz Wilke blieben

Professoren in Wien und Johannes Hempel erhielt 1955 eine Honorarprofessur in Göttingen. Grundmanns Assistent Max-Adolf Wagenführer erhielt erneut eine Anstellung als Pfarrer in Köln, nachdem er vorher in den Schuldienst versetzt worden war. Meyer-Erlach bekam eine Pfarrstelle in Hessen und erhielt sogar am 6. Januar 1962 das Bundesverdienstkreuz für die »Schaffung und Aufrechterhaltung von Kontakten mit der Zonenbevölkerung«.

Leffler wurde am 15. Oktober 1947 aus dem Dienst der Thüringer evangelischen Kirche entlassen. 1949 erhielt er eine Amtsaushilfsstelle in Bayern und wurde 1951 in den Dienst der bayerischen Landeskirche übernommen. Anfang 1959 war er wieder als Pfarrer in Hengersberg tätig. Leffler war einer der ganz wenigen Thüringer DC, der für seine Taten während der Zeit des Nationalsozialismus ein Schuldeingeständnis ablegt hat. In einem Brief an den Württembergischen Oberkirchenrat Dr. Hutten vom 24. September 1947 heißt es, dass die von ihm geglaubte »Synthese zwischen Nationalsoz. und Christentum« »ein verhängnisvoller Irrweg« und eine »Irrlehre« gewesen sei und dass »ich durch meine und meiner Freunde Haltung und Gesinnung, Tun und Reden der christlichen Kirche, dem deutschen und dem jüdischen Volk gegenüber schwere Schuld auf mich lud.« Auch wenn das Schuldeingeständnis Lefflers im Zusammenhang mit einem Spruchkammerverfahren im Zuge der Entnazifizierung stand und, wie Anja Rinnen richtig herausgestellt hat, »weit davon entfernt« war, »politische und kirchenpolitisch theologische Schuld angemessen aufzuarbeiten und zu bewältigen«, sowie im Umgang mit der »Schuld am jüdischen Volk« eher »oberflächlich und undifferenziert« blieb (767 f.), dazu noch 1971 in seiner Abschiedspredigt in Hengersberg relativiert wurde, bleibt dennoch festzuhalten, dass sich

Leffler im Gegensatz zu vielen anderen Theologen seiner Zeit überhaupt der Verantwortung für die eigenen Taten im Nationalsozialismus gestellt und eigene Schuld benannt hat. Bezeichnend ist, dass sich Grundmann von Lefflers Worten aus dem Jahr 1947 entschieden distanzierte, die »so nicht stehen bleiben« dürften. Sie würden lediglich »einen vollen inneren Zusammenbruch« des einstigen Weggefährten offenbaren. (767)

4. Schluss

Das kirchliche »Entjudungsinstitut« reiht sich mit dem von ihm vertretenen Antisemitismus nahtlos ein in eine Reihe antisemitischer Forschungseinrichtungen während der NS-Diktatur, wie die »Forschungsabteilung zur Judenfrage« des Reichsinstituts für Geschichte des neuen Deutschlands in München, das »Institut zum Studium der Judenfrage« in Berlin, das dem Reichspropagandaministerium unterstand, das Alfred Rosenberg unterstehende »Institut zur Erforschung der Judenfrage« in Frankfurt am Main oder das seit 1940 in Krakau eingerichtete »Institut für deutsche Ostarbeit«, das vom NS-Generalgouverneur in Polen, Hans Frank, kontrolliert wurde. Allesamt betrieben diese Einrichtungen wissenschaftliche Forschung mit dem Ziel der »Endlösung der Judenfrage«. Der Historiker Max Weinreich ordnet das kirchliche »Entjudungsinstitut« in seinem Buch »Hitler's Professors« in diese Reihe wie folgt ein:

> »Obwohl es weniger glanzvoll war als die anderen, hatte es doch seinen Platz im Kreis der fünf antijüdischen Forschungsinstitute der Hitlerzeit. Was seinen Einsatz an Energie betrifft, war es einzigartig.« (594f.)

Die besondere Bedeutung des kirchlichen »Entjudungsinstituts« liegt darin, dass hier ohne jeglichen Zwang von Seiten des NS-Staates mit unbeirrbarer Zielstrebigkeit auf der Basis eines Konsenses führender Vertreter in Theologie und Kirche der Versuch unternommen wurde, die Kirche und Theologie zu

»entjuden«, um sie der Ideologie des Nationalsozialismus anzupassen, während gleichzeitig die deutschen und europäischen Juden zunächst ausgegrenzt und verfolgt, dann in den Vernichtungslagern ermordet wurden. Dabei konnte der Antisemitismus der Institutsmitarbeiter auf eine über die Jahrhunderte währende Tradition von christlichem Antijudaismus in Theologie und Kirche aufbauen. Die Folgen dieser Synthese für die christliche Lehre und das christliche Bekenntnis lassen sich anhand der Wirksamkeit des Instituts ebenso anschaulich verdeutlichen wie der Umstand, dass die christliche Religion als Glaubens- und Heilslehre instrumentalisierbar ist. Im Falle des Eisenacher »Entjudungsinstituts« diente eine vorgeschobene Verteidigung christlicher Werte dazu, einen barbarischen Unrechtsstaat zu legitimieren und zu stützen, dessen Unmenschlichkeit für alle, die es sehen wollten, auch sichtbar war. Den Mitarbeitern und den Unterstützern des kirchlichen »Entjudungsinstituts« und der Thüringer DC kommt damit eine geistige Mitverantwortung an den Verbrechen zu, die während der Zeit des Nationalsozialismus an jüdischen Menschen begangen wurden, ohne dass die damaligen Täter zur Verantwortung gezogen worden wären.

Grundmann und seine Mitstreiter waren mit der Verschleierung ihrer Tätigkeit während der Nazizeit derart erfolgreich, dass sie auch ohne Verantwortungsübernahme und Eingeständnis eigenen Versagens wieder in den wissenschaftlichen Dienst oder den der Kirche zurückfanden, und dies ohne Revision ihrer irrigen theologischen Vorstellungen. Den Kirchen in Deutschland wurde von Seiten der Alliierten das Privileg zugestanden, ihre nationalsozialistische Vergangenheitsbewältigung selbst in die Hand nehmen zu können. Man hätte von der Evangelischen Kirche als moralischer Instanz einen konsequenteren Willen zur Entnazifizierung erwarten dürfen. Stattdessen scheinen auch hier nach 1945 wie in den übrigen gesellschaftlichen Bereichen auch, sei es in den Landeskirchen der Bundesrepublik oder im Bund der Evangelischen Kirchen in der DDR, die alten Strukturen fast nahtlos in die neuen übergegangen zu sein. In dem von Norbert Frei 2019 herausgegebenen Buch »Zur rechten Zeit« wird eindrücklich aufgezeigt, dass die derzeitige »Renaissance rechten und rechtsradikalen Denkens«[23] auch etwas mit Kontinuitäten zu tun hat, mit denen seit 1945 in beiden deutschen Staaten nicht eindeutig gebrochen wurde. Es bleibt zu hoffen, dass diese »Renaissance« nicht bedingt durch die derzeitige Coronakrise und ihre Folgen einen weiteren Schub bekommt.

Da es der Mehrheit der Institutsmitarbeiter nach 1945 gelang, weiter publizistisch und wissenschaftlich tätig zu sein, stellt sich andererseits aber auch die Frage nach Kontinuitäten in deren Wissenschafts- und Kirchenverständnis sowie in der Verbreitung antijüdischer Denkmuster, die auch weiterhin in Theologie und Kirche nach Kriegsende tradiert wurden. So werden beispielsweise in der Publikation »Umwelt des Urchristentums« von Grundmann und Leipoldt nach 1945 weiterhin antijüdische Konzepte verfolgt, allerdings nun weniger offensichtlich, da nun der Bezug zur nationalsozialistischen Rasseideologie fehlt. Weiterhin wird der Gegensatz zwischen Christentum und Judentum betont sowie die Einzigartigkeit Jesu in seiner Gegensätzlichkeit zum Judentum beschrieben. Das Judentum erscheint auch in Grundmanns Kommentaren weiterhin nur als Negativfolie, auf dem das entworfene Jesusbild umso glänzender erstrahlt.

Der Soziologe Albert Scherr kommt in der Expertise »Verbreitung von Stereotypen über Juden und antisemitischer Vorurteile in der evangelischen Kirche«[24] zu dem Ergebnis, dass, obwohl die »evangelische Kirche insbesondere seit den 1980er Jahren eine klare Positionierung gegen Antisemitismus vorgenommen«[25] hat, »die christlichen Kirchen in Westdeutschland keinen nachweisbaren Einfluss auf ihre Mitglieder haben, der dazu führen würde, dass diese weniger antisemitisch sind als der Bevölkerungsdurchschnitt bzw. Nicht-Religiöse«[26]. Auch »der evangelische Religionsunterricht« werde der »Erwartung, zu einer informierten kritischen Auseinandersetzung mit Antisemitismus beizutragen und zum christlich jüdischen Dialog zu befähigen, nicht hinreichend gerecht«[27]. Ernüchternd ist auch das Urteil von Bert Groen aus dem Jahr 2010, der bei der Analyse von Vorgaben für die Liturgie und evangelische Gottesdienstbücher zu folgender Einschätzung gelangte:

> »Es ist noch viel Arbeit zu leisten, nicht nur in wissenschaftlicher Hinsicht, sondern auch was die Vermittlung der gewonnenen Einsichten an die ›Basis‹ betrifft. Obwohl es einige ›kritische Gemeinden‹ gibt, in denen das jüdische Erbe im Gottesdienst und Lehrhaus forciert wird, muss in den meisten Pfarrgemeinden noch ein erhebliches Maß an Bildungsarbeit stattfinden. Besonders der Predigt kommt hier eine wichtige Aufgabe zu. Viele Christen und Christinnen, einschließlich Pfarrer(innen) und Theolog(inn)en, sind noch immer der Ansicht, die christliche Kirche sei ›das wahre Israel‹ und der ›Alte Bund‹ sei durch den Neuen, exklusiv im Christentum anzutreffen. [...] Auch wenn das Judentum sicher Existenzrecht hat, ist ihrer Meinung nach die jüdische Religion für die christliche irrelevant. Bildungsarbeit ist also langwierig. Antijüdische Traditionen vieler Jahrhunderte können kaum in nur wenigen Jahrzehnten abgebaut werden. Es wird gewiss einen Großteil des 21. Jahrhun-

derts benötigen, um die Einsicht der Kontinuität der Gottesoffenbarung in der ganzen Schrift, sowie die Erkenntnis, dass das ›Christentum‹ ein wilder, dem edlen jüdischen Ölbaum eingepfropfter Zweig ist, in der Liturgie usw. zu verarbeiten.«[28]

Eine mögliche Ursache für diesen Befund könnte auch darin begründet sein, dass mit Denkstrukturen in Bezug auf das Judentum aus der Zeit von vor 1945 in kirchlicher Predigt und Theologie nicht eindeutig gebrochen wurde und diese auch nach Kriegsende weiterhin wirkungsmächtig geblieben sind. Daher sind die theologischen Bemühungen zur Erneuerung des Verhältnisses von Christen und Juden längst nicht abgeschlossen und müssen weitergetragen werden.

Um allerdings einen glaubhaften jüdisch-christlichen Dialog führen zu können, ist es auch notwendig, den durch das Christentum geleisteten Anteil zur Ermöglichung der nationalsozialistischen, auf die Vernichtung der Juden zielenden Verbrechen klar zu benennen. Die Verständigung und das Gelingen der Zusammenarbeit zwischen Juden und Christen hängt entscheidend davon ab, wie wir Christen uns gegenüber dem unfassbaren Geschehen des Massenmordes am jüdischen Volk verhalten. Die Verpflichtung gegenüber den Opfern und das Wissen um die historische Schuld gebietet es daher, auch die kirchengeschichtlichen Bereiche offen zu legen, die der christlichen Kirche nicht zum Ruhm gereichen, um aus diesem geschichtlichen Versagen zu lernen.

5. Anhang

5.1 Die Arbeitsgliederung des Instituts: Arbeitskreise (AK) und Forschungsaufträge (FA) mit Leitung und Mitarbeiter, sofern bekannt (842 ff.)

I. Prinzipielle Untersuchungen

1. AK SCHRIFTPRINZIP Das Verständnis der Bedeutung der Bibel für Glauben, kirchliches Leben und Kultur in ihrer geschichtlichen und grundsätzlichen Bedeutung unter besonderer Berücksichtigung des jüdischen Elementes der Bibel	Leitung: Prof. Dr. Heinz-Erich Eisenhuth Mitarbeiter: Prof. Dr. Georg Bertram, Prof. Walter Birnbaum, Dr. Friedrich Euler, Prof. Dr. Walter Grundmann, Prof. Dr. Johannes Hempel, Pfarrer Dr. Paul Jäger, Bischof Friedrich Peter, Prof. Dr. Carl Schneider, Dr. Fritz Schulze
2. AK RELIGIONS-TYPOLOGIE Untersuchung des typischen Gegensatzes zwischen arischer und semitischer Religiosität	Leitung: Pfarrer Dr. Heinz Hunger Mitarbeiter: Pastor Ernst Bardey, Oberkirchenrat Dr. Erich Engel, Dr. Karl Friedrich Euler, Pfarrer Lic. theol. Johannes Georg Gödan, Prof. Dr. Johannes Hempel, Pfarrer Dr. Hans Werner Kars, Pfarrer Kurt Mielsch

3. AK BEURTEILUNG VON KUNSTWERKEN Untersuchung des jüdischen Einflusses in der religiösen, besonders der kirchlichen Kunst	Leitung: Bischof Friedrich Peter
4. FA GEOPOLITIK Erforschung der geopolitischen Unterscheidungsmerkmale für den religiösen Wesensunterschied zwischen Christentum und Judentum	
5. AK THEOLOGISCHE GRUNDLEGUNG DER ARBEIT DES INSTITUTS	Leitung: Prof. Dr. Hans Wilhelm Schmidt Mitarbeiter: Pfarrer Karl Dungs, Prof. Dr. Heinz-Erich Eisenhuth, Prof. Dr. Walter Grundmann, Pfarrer Dr. Paul Jäger, Prof. Dr. Wilhelm Koepp, Pfarrer Lic. theol. Wilhelm Lotz, Prof. Dr. Theodor Odenwald, Pfarrer Dr. Emil Ott, Prof. Dr. Johann Wilhelm Schmidt-Japing

1. AK ALTES TESTAMENT Die grundsätzlichen und religionsgeschichtlichen Probleme des Alten Testaments	Leitung: Prof. Dr. Johannes Hempel Mitarbeiter: Prof. Dr. Georg Beer, Dr. Karl Friedrich Euler, Prof. Dr. Hartmut Schmökel, Prof. Dr. Fritz Wilke
2. AK NEUES TESTAMENT Untersuchung der religionsgeschichtlichen und rassischen Verhältnisse bei der Entstehung des Christentums. Ewigkeitsgehalt des Evangeliums und Zeitgebundenheit seiner Form	Leitung: Prof. Dr. Walter Grundmann Mitarbeiter: Prof. Dr. Georg Bertram, Pfarrer Lic. theol. Gerhard Delling, Pfarrer Dr. Heinz Hunger, Lic. theol. habil. Rudolf Meyer, Dr. Siegfried Morenz, Prof. D. Herbert Preisker, Prof. Dr. Carl Schneider
3. AK VERHÄLTNIS ZWISCHEN ALTEM UND NEUEM TESTAMENT	Leitung: Prof. Dr. Walter Grundmann Mitarbeiter: Konsistorialrat Lic. theol. Hans Pohlmann, Pastor Adolf Riege, Pfarrer Lic. theol. Friedrich Schenke, Dr. Max-Adolf Wagenführer, Prof. Dr. Karl Weidel

4. AK QUELLENSAMMLUNG Das Urteil über das Judentum in der Geschichte bis zum 16. Jahrhundert	Leitung: Prof. Dr. Erwin Kiefer Mitarbeiter: Oberbibliothekar Dr. Berenbach, Assessor Hellmut Kiefer nebst Gattin, Prof. Dr. Rudi Paret
5. AK DAS CHRISTENTUM IN DER WELT DER ANTIKE	
6. AK GESCHICHTE DER RELIGIOSITÄT DER GERMANISCHEN SEELE	Leitung: Prof. Dr. Wilhelm Koepp
7. AK DIE DEUTSCHE REFORMATION Ihr deutscher und christlicher Charakter, ihre Stellung zum Judentum	
8. AK EINZELPERSÖNLICHKEITEN Stellung großer deutscher religiöser Persönlichkeiten zum Judentum	Leitung: Prof. Wolf Meyer-Erlach
9. FA DEUTSCHE MYSTIK Untersuchung der Zusammenhänge zwischen der Gedankenwelt der deutschen und außerdeutschen Mystik	

10. AK NEUES TESTAMENT UND ALTJÜDISCHE RELIGIONSGESCHICHTE	Leitung: Prof. Dr. Walter Grundmann Mitarbeiter: Prof. Dr. Georg Bertram, Oberkirchenrat Dr. Wilhelm Engel, Prof. Dr. Johannes Leipoldt, Lic. theol. habil. Rudolf Meyer, Dr. Siegfried Morenz, Prof. Dr. Herbert Preisker, Konsistorialrat Lic. theol. Hans Pohlmann, Prof. Dr. Hans Heinrich Schaeder, Prof. Dr. Carl Schneider, Dr. Max-Adolf Wagenführer

III. Einzelprobleme

1. AK SPINOZA UND JÜDISCHE PHILOSOPHIE Erforschung des Einflusses jüdischer Philosophie auf die deutsche Frömmigkeit und die Theologie	Leitung: Prof. Dr. Heinz-Erich Eisenhuth Mitarbeiter: Pfarrer Dr. Dietsch, Pastor Lic. theol. Gastrow, Prof. Dr. Walter Grundmann, Pfarrer Dr. Heinz Hunger, Studienrat Dr. Jakobi, Pfarrer Johannes Kilger, Prof. Dr. Martin Redeker, Pfarrer E. Schmidt, Oberpfarrer Dr. Artur von Ungern-Sternberg, Prof. Dr. Georg Wobbermin

2. AK POLITISCHER KATHOLIZISMUS Untersuchung des Zusammenhanges zwischen der Gedankenwelt des politischen Katholizismus und des Judentums 1941 umbenannt in »Fragen des Katholizismus. Verhältnis von Germanentum, Christentum und Judentum im Katholizismus«	Leitung: Dr. Georg Ohlemüller, später Pfarrer Karl Dungs Mitarbeiter: van Beuningen, Pfarrer Wilhelm Buch, Probst Johannes Grell, Pfarrer Fritz Kapferer, Pfarrer Fritz Schmidt-Clausing, Herr Seidl, Anton Würzinger
3. AK JÜDISCHE VERFÄLSCHUNGEN Untersuchung der Verfälschung ursprünglich abendländisch-christlicher Ideen und Begriffe durch das Judentum	
4. AK KIRCHENRECHT Erforschung jüdischen Einflusses im Kirchenrecht der christlichen Kirche	
5. FA JÜDISCHE LITERATUR Herausstellung der Urteile jüdischer Literaten über Religion und Christentum	Bearbeiter: Prof. Dr. Johannes Leipoldt, Prof. Dr. Walter Grundmann

6. FA VOLKSKUNDE Die Zeugnisse der deutschen Literatur von der Beurteilung jüdischer Religiosität im deutschen Volke 1941 abgeändert in AK »Deutsche Volksfrömmigkeit«; 1942 umbenannt in AK »Volksglaubensforschung«	Leitung: Pfarrer Dr. Ernst Lehmann Mitarbeiter: Pfarrer Dr. Georg Biundo, Pfarrer Walter Färber, Pfarrer Leo August Gerdts, Pfarrer Lic. theol. Walter Göbel, Pfarrer Gerhard Hahn, Pfarrer Kurt Hanske, Pfarrer Hans Berthold Müller, Bischof Adalbert Paulsen, Pfarrvikar Walter Reinisch, Pfarrer Hans Schmidt, Pfarrer Herbert Schmidt, Pfarrer Paul Truckenbrodt, Pfarrer Wilkens
7. FA JUDENMISSION Untersuchung der Geschichte der Judenmission unter völkischem Gesichtspunkt	
8. AK JÜDISCHE RELIGIONSPROBLEME Untersuchung der innerreligiösen Probleme des Judentums	
9. FA FREIMAUREREI Untersuchung der religionsgeschichtlichen Ursprünge des Freimaurertums und der Einflußnahme des Judentums auf Kirche und Christentum über die Freimaurerei	

10. FA THEOLOGIE DES 19. JAHRHUNDERTS Untersuchung der Stellung der Theologie des 19. Jahrhunderts zur Judenfrage	
11. FA DIE ZEHN-STÄMME-FRAGE Das Problem des englischen Christentums und sein Zusammenhang mit dem Judentum	Bearbeiter: Prof. Meyer-Erlach (?)
12. AK EINFLÜSSE DES WESTENS AUF CHRISTENTUM, THEOLOGIE UND KIRCHE	Leitung: Prof. Dr. Theodor Odenwald; 1941 Übernahme der Leitung durch Prof. Dr. Ernst Krieck
13. FA DAS JUDENTUM IN EINZELGEMEINDEN Klarstellung der Beziehungen des Judentums zum kirchlichen Leben in Einzelgemeinden	Bearbeiter: Pfarrer Dr. Heinz Hunger (?)
14. AK KIRCHENBEGRIFF Untersuchung des Kirchenbegriffs auf seinen Zusammenhang mit Einflüssen aus dem Judentum	Leitung: Prof. Dr. Hans Wilhelm Schmidt

15. FA DIE STELLUNG DES BAYREUTHER KREISES ZU DEN FRAGEN VON RELIGION, CHRISTENTUM UND JUDENTUM	Bearbeiter: Dr. Herbert von Hintzenstern (?)
16. AK LITURGIK UND FEIERGESTALTUNG Untersuchung des Ursprunges der Entwicklung und der Gestaltung liturgischer Formen unter besonderer Berücksichtigung möglicher jüdischer Einflüsse, 1941 umbenannt in »Probleme des religiösen Kultus«	Bearbeiter: Dr. Wilhelm Bauer, Lehrer Hermann Ohland, Lehrer Paul Gimpel (?)
17. AK SEELSORGE Das grundsätzliche Problem einer deutschen christlichen Seelsorge. Erforschung des Einflusses des jüdischen Geistes in der Seelsorge der christlichen Kirche	Mitarbeiter u. a. Pfarrer Dr. Heinz Hunger und Dr. Helmut Sandvoß
18. FA DAS VÖLKISCHE JESUSBILD	
19. AK ARCHIV DEUTSCHER FRÖMMIGKEIT	Bearbeiter: Hans Ermisch

20. AK PROBLEME DER RELIGIONSPÄDAGOGIK	Leitung: Prof. Dr. Hermann Werdermann Mitarbeiter: Prof. Dr. Walter Grundmann, Lehrer Hauptmann, Studienrat Dr. Heuß, Pfarrer Bernhard Jansa, Studienrat Kleine, Prof. Dr. Reinhard Liebe, Superintendent Hugo Pich, Pfarrer Heinrich Weinmann, Dompfarrer Dr. Walter Ziehen
21. FA VÖLKISCHES CHRISTENTUM Darstellung der religiösen Problematik bei den Versuchen einer spezifischen Eindeutschung des Christentums unter besonderer Herausarbeitung der zeitgeschichtlich bedingten und überzeitlichen Auffassung von dem Werte des Christentums	
22. AK RELIGIONSWISSENSCHAFT	Leiter: Prof. Dr. Hans Wilhelm Schmidt

1. AK VOLKSTESTAMENT Schaffung einer neuen Bearbeitung des Neuen Testaments für das deutsche Volk a) als wissenschaftliche Ausgabe; b) als Volksausgabe	Leitung: Prof. Dr. Walter Grundmann Mitarbeiter: Pfarrer Wilhelm Büchner, Oberpfarrer Erich Fromm, Dr. Heinz Günkel, Pfarrer Dr. Heinz Hunger, Pfarrer Heinrich Weinmann
2. AK VOLKSGESANGBUCH Schaffung eines deutschen Volksgesangbuches durch Sichtung und Bearbeitung des vorhandenen Liedgutes	Leitung: Kirchenrat Volkmar Franz, Lehrer Paul Schwadtke
3. AK LEBENSGELEITBUCH Schaffung eines Volksbuches deutscher Frömmigkeit als Lebensgeleitbuch deutscher Menschen	Leitung: Dr. Wilhelm Bauer Mitarbeiter: Prof. Dr. Heinz-Erich Eisenhuth, Studienassessorin Sieglinde Liebsch, Pfarrer Helmut Teuber
4. AK CHRISTLICHER KATECHISMUS FÜR DAS DEUTSCHE VOLK 1941 umbenannt in »Deutsche mit Gott – ein deutsches Glaubensbuch«	Leitung: Prof. Dr. Walter Grundmann Mitarbeiter: Pfarrer Wilhelm Büchner, Lehrer Paul Gimpel, Pfarrer Lic. theol. Hans Pribnow, Lehrer Kurt Thieme, Dr. Max Adolf Wagenführer, Pfarrer Heinrich Weinmann, Prof. Dr. Hermann Werdermann

5. AK RELIGIONSLEHRBUCH Schaffung von Erzähl- und Beispielstoffen für den christlichen Religionsunterricht aus der Geschichte der deutschen Frömmigkeit, 1941 umbenannt in »Die Geschichte Gottes mit den Deutschen und der Deutschen mit Gott«	Leitung: Prof. Dr. Walter Grundmann, Dr. Wilhelm Bauer Mitarbeiter: Prof. Dr. Richard Barth, Wilhelm Kotzde-Kottenrodt
6. AK AUFKLÄRUNGSMATERIAL Schaffung von Aufklärungsmaterial für die praktische Gemeindearbeit zur Klarstellung des Gegensatzes zwischen christlicher und jüdischer Glaubensweise. Schriften volkstümlicher Art zur Volksaufklärung unter Einbeziehung des Films, der wegen seiner unmittelbaren Anschaulichkeit in besonderer Weise hierzu geeignet ist	Leitung: Pfarrer Dr. Heinz Hunger Mitarbeiter: Verlagsleiter Hans Paulin, Pfarrer Karl Griesinger, Herr Lapatki, Dr. Mewes

5.2 Abbildungsnachweis[29]

Abb. 1 Siegfried Leffler, Foto: Privatbesitz

Abb. 2 Julius Leutheuser, Foto: Privatbesitz

Abb. 3 Symbol der »Kirchenbewegung Deutsche Christen«, Landeskirchenarchiv Eisenach (LKAE), A-Akten, A 776 – 1, Deutsche Christen, 1930–1935, Bd. 1, Blatt 165

Abb. 4 Symbol der »Nationalkirchlichen Bewegung Deutsche Christen«, LKAE, A-Akten, A 776 – 4, Deutsche Christen, 1937–1950, Bd. 4, Blatt 2

Abb. 5 Walter Grundmann, LKAE, Personalakten, G 2402, Walter Grundmann, 1945–1995, Bd. 1

Abb. 6 Cover »Totale Kirche im totalen Staat«, LKAE, NL Grundmann, Nr. 108, Totale Kirche im totalen Staat, 1934

Abb. 7 Wolf Meyer-Erlach, LKAE, Pfarrerbildersammlung

Abb. 8 Heinz-Erich Eisenhuth, Universitätsarchiv Jena, Bestand D, Nr. 603, Bl. 2r

Abb. 9 Martin Sasse, LKAE, Pfarrerbildersammlung

Abb. 10 Erwin Brauer, LKAE, Personalakten, Nr. L 5001, PA Dr. Erwin Brauer, Bd. 1, 1921/34

Abb. 11 Institutseröffnung im Wappensaal des Wartburghotels, LKAE, DC Z 01, Die Nationalkirche. Briefe an Deutsche Christen, Nr. 22 vom 28. 05. 1939

Abb. 12 Eröffnungsprogramm, LKAE, DC, DC 217, Akte von Prof. Dr. Grundmann, Jena, 1938–1945, Blatt 23

Abb. 13 Johannes Sievers, Landeskirchliches Archiv Kiel, 91.4 (Landeskirche Lübeck - Fotosammlung), Bild Sievers

Abb. 14 Heinz Hunger, LKAE, Pfarrerbildersammlung

Abb. 15 Heinz Dungs, aus: Holger Weitenhagen: Evangelisch und deutsch (siehe Literaturverzeichnis). Mit freundlicher Genehmigung des Verlags Dr. Habelt, Bonn

Abb. 16 Büchertisch Verlag Deutsche Christen, Foto: Privatbesitz

Abb. 17 Erhard Mauersberger, LKAE, Personalakten, L 3044, 1930–1992

Abb. 18 Georg Bertram, Personalakte Georg Bertram, Universitätsarchiv Gießen, Personalabteilung, 2. Lieferung, Karton 13

Abb. 19 Herbert von Hintzenstern, LKAE, Pfarrerbildersammlung

Abb. 20 Walter Grundmann, 1966, LKAE, Pfarrerbildersammlung

5.3 Literatur zum »Entjudungsinstitut« und den Thüringer DC (Auswahl)

Oliver Arnhold: »Entjudung« – Kirche im Abgrund. Bd. 1: Die Thüringer Kirchenbewegung Deutsche Christen 1928–1939, Bd. 2: Das »Institut zur Erforschung und Beseitigung des jüdischen Einflusses auf das deutsche kirchliche Leben« 1939–1945. Berlin 2010.

Jochen Birkenmeier / Michael Weise: Erforschung und Beseitigung. Das kirchliche »Entjudungsinstitut« 1939–1945. Begleitband zur Ausstellung. 2. Auflage Eisenach 2020.

Susanne Böhm: Deutsche Christen in der Thüringer evangelischen Kirche (1927–1945). Leipzig 2008.

Lukas Bormann: Walter Grundmann und das Ministerium für Staatssicherheit. Chronik einer Zusammenarbeit aus Überzeugung (1956–1969). In: Kirchliche Zeitgeschichte 2/2009. Göttingen. S. 595–632.

Roland Deines / Volker Leppin / Karl-Wilhelm Niebuhr (Hg.): Walter Grundmann. Ein Neutestamentler im Dritten Reich. Leipzig 2007.

Hans-Joachim Döring / Michael Haspel (Hg.): Lothar Kreyssig – Walter Grundmann. Zwei kirchenpolitische Protagonisten des 20. Jahrhunderts in Mitteldeutschland. Weimar 2014.

Manfred Gailus / Clemens Vollnhals (Hg.): Für ein artgemäßes Christentum der Tat. Völkische Theologen im »Dritten Reich«. Göttingen 2016.

Gratwanderungen. Das »Entjudungsinstitut« in Eisenach. Eine Dokumentation zur Ausstellung des Martin-Luther-Gymnasiums Eisenach. Weimar und Eisenach 2013.

Susannah Heschel: The Aryan Jesus. Christian Theologians and the Bible in Nazi Germany. Princeton, New Jersey 2008.

Joachim Krause: Im Glauben an Gott und Hitler. Die »Deutschen Christen« aus dem Wieratal und ihr Siegeszug ins Reich von 1928 bis 1945. Markkleeberg 2018.

Elisabeth Lorenz: Ein Jesusbild im Horizont des Nationalsozialismus. Studien zum Neuen Testament des »Instituts zur Erforschung und Beseitigung des jüdischen Einflusses auf das deutsche kirchliche Leben«. Tübingen 2017.

Peter von der Osten-Sacken (Hg.): Das mißbrauchte Evangelium. Studien zu Theologie und Praxis der Thüringer Deutschen Christen. Berlin 2002.

Anja Rinnen: Kirchenmann und Nationalsozialist. Siegfried Lefflers ideelle Verschmelzung von Kirche und Drittem Reich. Weinheim 1995.

Dirk Schuster: Die Lehre vom »arischen« Christentum. Das wissenschaftliche Selbstverständnis im Eisenacher »Entjudungsinstitut«. Göttingen 2017.

Thomas A. Seidel: Thüringer Gratwanderungen. Beiträge zur fünfundsiebzigjährigen Geschichte der evangelischen Landeskirche Thüringens. Leipzig 1998.

Johannes Wallmann: Ein Vermächtnis Kaiser Wilhelms II. Was hat Walter Grundmanns Eisenacher »Entjudungsinstitut« mit Martin Luther zu tun? In: Zeitschrift für Theologie und Kirche 3 (2017), S. 289–314.

Leonore Siegele-Wenschkewitz (Hg.): Christlicher Antijudaismus und Antisemitismus. Theologische und kirchliche Programme Deutscher Christen. Frankfurt a. M. 1994.

Holger Weitenhagen: Evangelisch und deutsch. Heinz Dungs und die Pressepolitik der Deutschen Christen. Köln/Bonn 2001.

Anmerkungen

1 Zentralrat der Juden sieht »Explosion des Antisemitismus«, ZEIT ONLINE vom 21. Januar 2020, https://www.zeit.de/gesellschaft/zeitgeschehen/2020-01/zentralrat-juden-antisemitismus-juedisches-leben-deutschland (aufgerufen am 23. 5. 2020).

2 Stefan Kornelius: Jeder vierte Deutsche denkt antisemitisch, SÜDDEUTSCHE ZEITUNG vom 23. Oktober 2019, https://www.sueddeutsche.de/politik/antisemitismus-deutschland-juedischer-weltkongress-1.4652536 (aufgerufen am 23. 5. 2020).

3 Bundesministerium des Innern/Unabhängiger Expertenkreis Antisemitismus: Antisemitismus in Deutschland – aktuelle Entwicklungen, ohne Ort und Jahr [2017], http://www.bmi.bund.de/SharedDocs/downloads/DE/publikationen/themen/heimat-integration/expertenkreis-antisemitismus/expertenbericht-antisemitismus-in-deutschland.pdf?__blob=publicationFile&v=4, S. 259 (aufgerufen am 23. 5. 2020).

4 Volker Ullrich: Der Kampf gegen Antisemitismus ist Bürgerpflicht, DIE WELT vom 21. 5. 2020, https://www.welt.de/debatte/kommentare/article208136813/Volker-Ullrich-Der-Kampf-gegen-Antisemitismus-ist-Buergerpflicht.html (aufgerufen am 23. 5. 2020).

5 Bundesministerium des Innern (siehe Fußnote 3), S. 259.

6 Tina Groll: Täglich mindestens fünf Attacken gegen Juden, ZEIT ONLINE vom 10. Oktober 2019, https://www.zeit.de/gesellschaft/2019-10/antisemitismus-anschlag-halle-rechtsextremismus-rechte-gewalt-kriminalitaet (aufgerufen am 23. 5. 2020).

7 Jüdisches Restaurant »Schalom« angegriffen, FRANKFURTER ALLGEMEINE ZEITUNG. FAZ.NET vom 7. September 2018,

https://www.faz.net/aktuell/politik/inland/juedisches-restaurant-schalom-in-chemnitz-angegriffen-15777456.html (aufgerufen am 23. 5. 2020).

8 Vgl. https://www.zeit.de/thema/synagoge (aufgerufen am 23. 5. 2020).

9 Anlässlich des achtzigsten Jahrestages der Institutseröffnung fand vom 18.–20. 9. 2019 eine große wissenschaftliche Tagung zum Eisenacher »Entjudungsinstitut« auf der Wartburg statt. Die dort gehaltenen Vorträge werden demnächst in einem von Christopher Spehr und Harry Oelke herausgegeben Band mit dem Titel: »Das Eisenacher ›Entjudungsinstitut‹. Kirche und Antisemitismus in der NS-Zeit« veröffentlicht.

10 Oliver Arnhold: »Entjudung« – Kirche im Abgrund. Bd. 1: Die Thüringer Kirchenbewegung Deutsche Christen 1928–1939, Bd. 2: Das »Institut zur Erforschung und Beseitigung des jüdischen Einflusses auf das deutsche kirchliche Leben« 1939–1945. Berlin 2010. Die Veröffentlichung ist im Buchhandel vergriffen, aber sie kann weiterhin über das Institut »Kirche und Judentum« der Humboldt-Universität Berlin (Studien zu Kirche und Israel Bd. 25/1 und Bd. 25/2) bezogen werden.

11 Der Volksschullehrer Kurt Thieme (1899–1971), seit 1929 Ortsgruppenleiter der NSDAP im Wieratal und Mitbegründer der »Kirchenbewegung DC«, schrieb 1939 eine Organisationsgeschichte der »Kirchenbewegung« »an Hand seiner eigenen Erlebnisse« mit dem Titel: »Aus dem Wieratal ins Reich« (Weimar 1939). Die Angabe zu Leutheusers Teilnahme am Hitlerputsch stammt allerdings aus den von Thieme herausgegebenen Schulungsbriefen der Kirchenbewegung »Deutsche Christen« (Nationalkirchliche Bewegung Deutschlands), Lieferung 6/8 vom Januar 1935.

12 Vgl. dazu die in Kapitel 2.2 angeführten Maßnahmen des NS-Staates zur »Entkonfessionalisierung« des öffentlichen Lebens.

13 Dazu zählten folgende Landeskirchen: Altpreußische Union, Sachsen, Nassau-Hessen, Schleswig-Holstein, Thüringen, Mecklenburg, Pfalz, Anhalt, Oldenburg, Lübeck und Österreich.

14 Mitglieder des Verwaltungsrats waren: Paul Kipper (Präsident des Landeskirchenamtes in Nassau-Hessen), Johannes Klotsche (Präsident des Landeskirchenamtes in Sachsen) bis 1942, Wilhelm Kretzschmar (Oberlandeskirchenrat in Sachsen), Martin Sasse (Landesbischof in Thüringen), Hermann Schmidt zur Nedden (Präsident des Landeskirchenamtes in Mecklenburg), Johannes Sievers (Oberkirchenrat in Lübeck), Wilhelm Staedel (Bischof der ev. Landeskirche Augsburgischen Bekenntnisses in Rumänien) ab 1942, Friedrich Werner (Präsident der altpreußischen Landeskirche und des Evangelischen Oberkirchenrates) und Rudolf Wilkendorf (Oberkirchenrat in Anhalt) ab 1942.

15 Mitglieder des wissenschaftlichen Beirats waren: Pfarrer Heinz Dungs (Weimar), Prof. Heinz-Erich Eisenhuth (Jena), Oberkonsistorialrat Prof. Theodor Ellwein (Berlin), Prof. Johannes Hempel (Berlin), Oberkonsistorialrat Hans Hohlwein (Berlin), Prof. Erwin Kiefer (Heidelberg), Kirchenpräsident Christian Kinder (Kiel), Prof. Wolf Meyer-Erlach (Jena), Bischof Heinrich Oberheid (Bad Godesberg), Prof. Hans Georg Opitz (Wien), Bischof Friedrich Peter (Berlin), Prof. Martin Redecker (Kiel) und der Publizist Wilhelm Stapel (Hamburg).

16 Den Finanzauschuss bildeten neben Brauer Wilhelm Kretzschmar (Dresden) und Johannes Sievers (Lübeck).

17 Neben Dungs waren Pfarrer Heinz Hunger (Eisenach), Paul Meuche (Leipzig), Dr. Pfotenhauer (Roßlau) und Johannes Sievers (Lübeck) die Mitglieder des Werberats.

18 Ab 1943 übernahm Hans Ermisch die Institutsgeschäftsführung.

19 Zu den Tagungen vgl. Kapitel 3.4.

20 Zu ihnen zählten neben den bereits genannten DC-Professoren aus Jena unter anderem Georg Bertram, Professor für Neues Testament in Gießen, Walter Birnbaum, Professor für Praktische Theologie in Göttingen, Lic. theol. Gerhard Delling, Dozent für Religionsgeschichte in Leipzig, Gustav Entz, Professor für Praktische Theologie in Wien, Dr. Karl Friedrich Euler, Dozent für alttestamentliche Wissenschaft, biblische Geschichte und orientalische Sprachen in Gießen, Johannes Hempel, Professor für Altes Testament in Berlin, Wilhelm Koepp, Professor für Systematische Theologie in Greifswald, Ernst Krieck, Professor für Philosophie und Pädagogik in Heidelberg, Johannes Leipoldt, Professor für Neues Testament in Leipzig, Hans Leube, Professor für Kirchengeschichte in Breslau, Lic. Rudolf Meyer, Dozent für Neues Testament in Leipzig, Dr. Siegfried Morenz, Dozent für Ägyptologie und Religionsgeschichte in Leipzig, Theodor Odenwald, Professor für Systematische Theologie in Heidelberg, Hans-Georg Opitz, Professor für Kirchengeschichte in Wien, Rudi Paret, Professor für semitische Philologie, Sprachwissenschaft und Islam in Heidelberg, Theodor Pauls, Professor für ev. Religionslehre und Methodik des Religionsunterrichts an der Hochschule für Lehrerbildung in Hirschberg, Rudolf Preisker, Professor für Neues Testament in Breslau, Martin Redeker, Professor für Systematische Theologie in Kiel, Hans Heinrich Schaeder, Professor für Orientalistik in Berlin, Hans Wilhelm Schmidt, Professor für Praktische Theologie in Wien, Johann Wilhelm Schmidt-Japing, Professor für Praktische und Systematische Theologie in Bonn, Hartmut Schmökel, Professor für Altorientalistik in Kiel, Carl Schneider, Professor für Neues Testament in Königsberg, Hermann Werdermann, Professor für Praktische Theologie in Rostock, Fritz Wilke, Professor für Altes Testament in Wien und Georg Wobbermin, Professor für Systematische Theologie in Göttingen.

21 Ein Überblick über die Arbeitskreise und Forschungsaufträge des Instituts findet sich im Anhang.

22 Eine Auflistung der Institutsmitarbeiter findet sich bei: Arnhold, Entjudung (vgl. Anm. 10), Bd. 2, S. 852 ff.

23 Norbert Frei / Franka Maubach / Christina Morina / Maik Tändler: Zur rechten Zeit. Wider die Rückkehr des Nationalismus. Berlin 2019, S. 7.

24 Albert Scherr: Expertise. Verbreitung von Stereotypen über Juden und antisemitischer Vorurteile in der evangelischen Kirche, Freiburg/B. 2011, https://bagkr.de/wp-content/uploads/2018/07/scherr_AS-in-der-ev-Kirche.pdf (aufgerufen am 23. 5. 2020).

25 Ebd., S. 21.

26 Ebd., S. 13.

27 Ebd., S. 20.

28 Ebd., S. 16.

29 Für die Unterstützung bei der Beschaffung zahlreicher Abbildungen bedanke ich mich ganz herzlich bei Christina Neuß, Landeskirchenarchiv Eisenach, und Michael Weise, Lutherhaus Eisenach.

Zeitfracht Medien GmbH
Ferdinand-Jühlke-Straße 7
99095 Erfurt, Deutschland
produktsicherheit@kolibri360.de

Druck:
CPI Druckdienstleistungen GmbH
im Auftrag der
Zeitfracht Medien GmbH
Ein Unternehmen der Zeitfracht - Gruppe
Ferdinand-Jühlke-Str. 7
99095 Erfurt